Barbara Denscher

*Im Schatten des Ararat*

*Armenische Kontraste*

Barbara Denscher

# Im Schatten des Ararat
## Armenische Kontraste

Picus Reportagen

Picus Verlag Wien

Grafische Gestaltung: Dorothea Löcker, Wien
Umschlagabbildung: Sargis K. Hambartzumian
Druck und Verarbeitung: Remaprint, Wien
ISBN 3-85452-787-X

Informationen über das aktuelle Programm
des Picus Verlags und Veranstaltungen unter
*www.picus.at*

# Inhalt

Ankunft in Jerewan: Nur Tee gibt es nicht .............. 9

Armenisches Wohngefühl – oder: Wasser zwischen sechs und neun .............. 13

Heimkehr ins »Traumland« .............. 19

Exportschlager Arbeitskräfte .............. 25

Beim Chefökonomen des Präsidenten .............. 30

Eine Armee von 36 Soldaten .............. 36

Die 53 Tage des Musa Ler .............. 46

Am heiligsten Ort .............. 58

Radio Jerewan antwortet nicht .............. 68

Eine Oase des freien Denkens .............. 71

»Gjumri stellt eine Art Nullpunkt dar« .............. 81

Bjurakan: Ein Blick in die Sterne .............. 92

Sewansee: Achtzig Zentimeter Fisch .............. 100

Dilidschan: Szenerie für einen Film .............. 109

Backgammon in Haghartsin .............. 114

Fioletowo: Krautsalat bei den Molokanen .............. 118

Bis Meghri sind wir nicht gekommen .............. 125

Dank .............. 132

## Ankunft in Jerewan: Nur Tee gibt es nicht

Natürlich müssen wir auch auf den Frieden in der Welt anstoßen. So wie zuvor schon auf jeden Einzelnen hier in dieser Tischrunde, auch auf all jene Freunde, die heute nicht dabei sind, auf Eltern und Kinder, auf Großeltern, Tanten und Onkel, auf die Helden der Vergangenheit, auf eine gute Zukunft – und auf noch vieles andere mehr. Über all dies lässt sich viel sagen. Zwei oder drei Mal passiert es mir zwischendurch, dass ich eine Redepause für das Signal zum erlösenden »dzer kenatse« – »zum Wohl« – halte: Schon will ich das Glas aus der Trinkspruch-Position – Arm angewinkelt, Glas in Brusthöhe – in die Anstoßposition – Augenhöhe – bringen, aber nein, der Trinkspruch geht noch weiter, viel ist noch zu sagen und ich lasse das Glas wieder sinken. Noch eine Weile Armmuskeltraining, denn armenische Trinksprüche dauern lange, sehr, sehr lange. Dann endlich »dzer kenatse« – und bald darauf der nächste Trinkspruch.

Eigentlich war es eine Einladung zum Tee gewesen. »Für den ersten Tag habe ich noch keine Termine ausgemacht«, hatte mir Robert gesagt, als er mich, nach dem Nachtflug Wien–Jerewan, frühmorgens am Flughafen abholte. Nur für den Nachmittag sei ein kurzer Besuch bei Nune und Norik geplant, einem Ehepaar, das ich bei meinem letzten Armenien-Besuch kennen gelernt hatte. Zur Begrüßung, ganz kurz, nur auf eine Tasse Tee – das sei doch in Ordnung? Natürlich war es in

Ordnung – und Robert konnte das Treffen in dem Terminplan, den er auf einem großen Blatt Papier für mich angelegt hatte, als fixiert markieren.

Robert Mirzoyan legt Wert auf Genauigkeit – was auffällt in einem Land, in dem oft ein etwas lockerer Zeitbegriff zu herrschen scheint. Aber schließlich war der 66-jährige Diplomingenieur früher, zu Sowjetzeiten, Leiter eines technischen Forschungsbüros gewesen und hatte sogar eine Zeit lang am Raketenprogramm der UdSSR mitgearbeitet. Daher wohl die eher unarmenische Pünktlichkeit. Sehr armenisch hingegen ist er in seiner Fähigkeit zur Improvisation – aber vielleicht war auch das eine Karrierebedingung für einen Sowjetingenieur gewesen.

Auf jeden Fall ist es für mich bei meinen Besuchen in Armenien immer eine große Erleichterung, wenn mich Robert bei der Vereinbarung von Interviews, der Koordination von Terminen und der Organisation von Exkursionen unterstützt. Denn der Zeitplan bricht meist rasch zusammen: Ein Gesprächspartner kommt vierzig Minuten zu spät, der andere aber ist mit zwanzig Minuten Überzeit fast pünktlich – und schon kommt es zu Kollisionen. Das Taxi gibt während der Fahrt den Geist auf, das Museum sollte eigentlich um neun aufsperren, ist aber um zehn immer noch geschlossen – und nichts scheint sich nun mehr auszugehen. »Problem tschka«, meint Robert dann, »kein Problem« – und irgendwie funktioniert doch alles. Typisch armenisch eben.

Kennen gelernt habe ich Robert Mirzoyan vor ein paar Jahren, bei einem Festival des Armenischen Philharmonischen Orchesters. Der immer etwas streng wirkende Intellektuellentyp mit stets sorgfältig gestutztem weißen Kinnbart und Goldrandbrille war damals Orchestermanager. Denn der Zerfall der UdSSR hatte auch das Ende der sowjetarmenischen Forschungseinrichtungen bedeutet und Robert hatte die Branche wechseln müssen. Mittlerweile ist er technischer Leiter der Jerewaner Aram-Chatschaturjan-Konzerthalle. Eine Flexibilität, die ebenfalls sehr armenisch ist und zu der auch eine große Kontaktfreudigkeit gehört. »Ein Armenier hat überall Bekannte, die einem weiterhelfen«, meint Robert – und er hat Recht damit. Hilfsbereitschaft ist eindeutig eine zentrale Kategorie in diesem Land, und jeder scheint in jeder noch so schwierigen Situation jemanden zu kennen, der jemanden kennt, der einem helfen kann.

Robert kennt viele Leute, und da ist es auch kein Problem, dass er kein Auto hat. Immer weiß er jemanden, der mit ihm um vier Uhr früh zum Flughafen fährt, um mich abzuholen. Natürlich sind auch gleich noch ein paar weitere Bekannte dabei, mit vielen Umarmungen werde ich begrüßt, irgendjemand hat Blumen für mich mitgebracht, in der Cafeteria in der Ankunftshalle ist schon Kaffee für mich bestellt – ein Empfang von unglaublicher Herzlichkeit. Auch das wieder: typisch armenisch.

Fürs Erste solle ich mich ein wenig ausruhen, hatte Robert gemeint, als er mich in der kleinen Wohnung, die er mir für meinen Aufenthalt organisiert hatte, ablieferte. Später würde er mich dann zum Mittagessen bei sich zu Hause abholen, seine Frau Alla hätte natürlich schon *spas* – armenische

Joghurtsuppe, eines meiner Lieblingsgerichte – für mich zubereitet. Danach, wie vereinbart, Tee.

Ich hätte es wissen können! Natürlich wurde der Suppenteller mehrmals nachgefüllt, natürlich hatte Alla nicht nur *spas*, sondern auch *amarajin dolma* – mit Hackfleisch gefüllte Tomaten, Paprika und Auberginen – vorbereitet, und nun sitze ich hier, bei Nune und Norik, an einem Tisch, auf dem nicht das kleinste Fleckchen mehr frei ist: da ein großer Teller mit verschiedenen Wurstsorten, dort einer mit Käse, Schüsseln mit Salaten, alle reichlich mit Rahm und Mayonnaise abgeschmeckt, Tomaten, Oliven, Berge von *lawasch*, dem armenischen Fladenbrot, aber auch Torten, Kekse, süße Cremes, Obst und vieles mehr – alles herrlich und von allem viel zu viel.

»Chndrem, chndrem« – »bitte sehr« – flötet Nune, und schwapp, schon habe ich das nächste honigtriefende Kuchenstück auf dem Teller. Widerstand ist zwecklos. Seitlich, auf einem kleineren Tischchen, stehen die Flaschen mit armenischem Kognak, Rotwein und Wodka. Zur Begrüßung gab es süßen Sekt mit einem Schokoladestück im Glas – »dzer kenatse!«

Nur Tee hat Nune nicht vorbereitet: »Kann ich aber gleich machen, wenn jemand eine Tasse möchte.« Bei Essenseinladungen – noch dazu, wenn ein Gast aus dem Ausland da ist – gilt in Armenien nämlich eine besondere Sprachregelung, erklärt mir Roberts Sohn Aram: »Einladung zum Tee bedeutet großes Abendessen, und Abendessen bedeutet mindestens ein Grillfest.« »Und wann gibt es Tee?« »Nur Tee? Nur Tee gibt es überhaupt nie!«

## Armenisches Wohngefühl – oder: Wasser zwischen sechs und neun

Der Tag beginnt mit einer kalten Dusche. Dabei hatte mir Robert am Abend nochmals genau erklärt, was zu tun sei: den einen Hahn zudrehen, den anderen aufdrehen, den Hebel umlegen und schließlich den Schalter betätigen. So oder ähnlich ging es. Ich führte auch alles korrekt durch – nur den Schalter vergaß ich, mit dem aber wird die Heizung in Gang gesetzt. Nun also ist das Wasser eiskalt, aber immerhin ist der Tank gut gefüllt, der Wasservorrat für diesen Tag gesichert. »Wasser gibt es zwischen sechs und neun Uhr morgens, und dann erst wieder zwischen sieben und zehn Uhr abends. Denk also daran, gleich in der Früh die Wasserleitungen aufzudrehen«, hatte mich Robert ermahnt.

Alle Befürchtungen, dass ich den Zeitpunkt für die Tankfüllung verpassen könnte, erwiesen sich als unbegründet. Es ist nicht einmal nötig, den Wecker zu stellen. Denn wenn das Wasser kommt, erwacht das ganze Haus: In den Leitungen beginnt ein Pochen, Glucksen und Gluckern, das Einlaufen des Wassers in die Kessel ist unüberhörbar und aus jenen Wohnungen, in denen es keine Tanks gibt, tönt das Scheppern der Kübel und das Klirren der Flaschen, die an den Wasserhähnen gefüllt werden.

Die Frage nach dem Wasser – »dschur ka?«, »gibt es Wasser?« – bestimmt das armenische Alltagsleben, und sehr oft lautet die Antwort darauf »dschur tschka«, »es gibt kein Wasser«. Nicht dass es zu wenig Wasser gäbe, nur: Die Versorgung funktioniert nicht. Das gesamte Leitungssystem ist veraltet, in desolatem Zustand und für einen Dauerbetrieb längst nicht mehr geeignet. Die finanziellen Mittel für eine Sanierung aber fehlen. Erst vor kurzem hat man begonnen, in den Häusern Wasserzähler zu installieren, zuvor war lediglich eine vom Verbrauch unabhängige, geringe Monatsgebühr zu bezahlen gewesen.

Nur in den Hotels und in einzelnen Stadtvierteln – »dort«, so wird gemunkelt, »wo die Politiker und die hohen Beamten wohnen« – gibt es fast immer Wasser. Die Mehrzahl der Haushalte aber muss alltäglich Vorräte anlegen. Die Wasserversorgung ist daher auch ein beliebtes Gesprächsthema. Ausführlich werden die Vor- und Nachteile der unterschiedlichen Tanktypen diskutiert, das Volumen hat dabei durchaus Prestigewert: »Meiner fasst zweihundert Liter«, »Ich habe mir jetzt einen für vierhundert Liter organisiert.« Sollte es einmal vorkommen, dass zwischendurch, außerhalb der Fixzeiten, die Wasserleitung zu gluckern beginnt, dann wird auch der längste Trinkspruch sofort unterbrochen, denn nun gilt es, das unerwartete Glück zu nutzen und die schon geleerten Reservoirs wieder aufzufüllen.

Für mich reicht der einmal täglich befüllte Tank, der irgendwie – und hoffentlich fest genug – an der Badezimmerdecke hängt. Es ist eine hübsche, kleine Wohnung, die Robert über Freunde für mich organisiert hat. Mein Lieblingshotel war diesmal ausgebucht gewesen – aber:

»problem tschka«, »kein Problem«, meinte Robert wieder einmal, er kenne da jemanden, der jemanden kenne, der eine Wohnung zu vermieten hätte.

Diese befindet sich im Zentrum von Jerewan, an einem der breiten Boulevards, die das Stadtbild prägen. Zwar reicht die Besiedlungsgeschichte bis ins 8. vorchristliche Jahrhundert zurück, vom Aussehen her aber ist Jerewan im wesentlichen eine Stadt des 20. Jahrhunderts. Der Architekt Alexander Tamanjan hatte in den zwanziger Jahren für Jerewan den Plan einer nach streng logischem Konzept durchorganisierten, idealen Stadt entworfen: geometrisch angeordnet, mit einem riesigen Platz als Zentrum – dem Lenin-Platz, nunmehr Platz der Republik –, großen Längs- und Querachsen und genau definierten, klar abgesteckten Nutzungsbereichen – hier das Verwaltungszentrum, hier die Kulturstätten, da Wissenschaft und Forschung, da die medizinischen Einrichtungen, dort die Wohnbereiche, Platz für Sport und Erholung, ein Ring von Grünanlagen, weiter draußen die Industriebetriebe. »Ich werde eine Stadt erstehen lassen, die die Welt in Staunen versetzt«, soll Tamanjan gesagt haben. Sein »Generalbebauungsplan«, der das alte, von Zeitgenossen oft als »orientalisch« beschriebene Jerewan verschwinden ließ, wurde zwar nur zum Teil verwirklicht, ist aber im Stadtzentrum sehr klar zu erkennen. Zwischendrin und vor allem in den äußeren Stadtteilen findet sich viel sowjetischer Betonplattenbau, kennzeichnend für die Innenstadt aber sind vor allem vier- bis fünfstöckige Gebäude aus Tuffstein. Dieser gibt der Stadt die charakteristische Farbe: ein Rosabraun mit vielen Schattierungen.

Auch »meine« Wohnung befindet sich in einem dieser Innenstadthäuser. Sie liegt im dritten Stock und da es in dem Haus keinen Lift gibt, führt mich mein Weg jeden Tag mindestens zwei Mal durch das Treppenhaus: vorbei an einem Haufen Schutt, der im ersten Stock abgelagert ist, vorbei an einer glaslosen Fensteröffnung im zweiten Stock, vorbei an zahllosen aus den Mauern herausragenden Kabeln und Drähten. Seit Jahrzehnten scheint hier nicht ausgemalt worden zu sein, der Verputz bröckelt ab. Abends ist von dem nicht allzu viel zu sehen, da bin ich froh, dass ich beim Schein meiner Taschenlampe nicht über die an vielen Stellen zerbröckelnden Stufen stolpere, zentrale Beleuchtung gibt es nicht.

So oder ähnlich ist es in vielen Jerewaner Häusern. Die ersten paar Mal, als ich Bekannte besuchte, hegte ich angesichts der Treppenhäuser die schlimmsten Befürchtungen: Wie würde wohl die Wohnung aussehen? Dann immer die große Überraschung, denn die Wohnungen sind stets sehr gepflegt. Zwar wirkt die Einrichtung oft ein wenig altmodisch, was aber wohl nicht nur daran liegt, dass sich kaum jemand modernes Design leisten kann, sondern auch daran, dass auf eine gewisse konservative Gediegenheit großer Wert gelegt wird: möglichst schwere Möbel, Teppiche, Bilder – häufiges Motiv: eine Ansicht des Ararat –, Deckchen, Vasen, gerne auch Kristalllüster und meist viel Nippes gehören dazu. Und alle bedauern, dass sich die Treppenhäuser in einem derart schlechten Zustand befinden. »Sie machen nichts«, heißt es immer wieder. »Wer ist *sie*?«, frage ich. Achselzucken: »Die Regierung, der Präsident«, nochmals Achselzucken.

Diese Haltung sei, erklärt mir die Jerewaner Ethnologin Hranusch Kharatyan, ein nur sehr schwer zu beseitigendes Relikt aus Sowjetzeiten. Denn über Jahrzehnte habe für die Menschen gegolten: das Wenige, das sie privat besitzen, sozusagen der Innenbereich, wird gehegt und gepflegt, um das Außen aber hat sich der Staat zu kümmern, sich da einmischen zu wollen, kann nur Probleme bringen. In einem größeren Gemeinschaftsbereich wird daher auch heute noch kaum jemand selbst initiativ – auch wenn sich mittlerweile die politischen Strukturen geändert haben.

Für mich gehört der Gegensatz zwischen Treppenhäusern und Wohnungen zu jenen Kontrasten, die das Bild von Jerewan prägen – genauso wie die unterschiedlichen Ausblicke, die sich mir von »meiner« Wohnung aus bieten. Von der einen Seite sehe ich auf den geschäftigen Boulevard: Auf der gegenüberliegenden Straßenseite befindet sich eine Boutique mit internationaler Designermode, daneben, in einem Hauseingang, sitzt tagaus, tagein eine alte Frau in einem zerschlissenen Arbeitskittel auf einem wackeligen Hocker. Neben sich, auf einem zweiten Hocker, hat sie Tüten mit gerösteten Sonnenblumenkernen, die sie als Knabberei an die Vorübergehenden verkauft. Auf der vierspurigen Straße herrscht reger Verkehr. Neben den oft halb verrosteten und stets überfüllten Linienbussen fallen da vor allem die teuren Luxuslimousinen auf, bei denen allerdings nicht feststellbar ist, wie viele Personen sich im Wagen befinden, da die Scheiben vorsorglich dunkel getönt sind. Von der anderen Seite der Wohnung sehe ich in den Hinterhof des Hauses. Irgendjemand hat dort in einem Verschlag aus Wellblech einen Hühnerstall eingerichtet – und sollte ich am Morgen das Gluckern des Wassers überhören, dann weckt mich auf jeden Fall das Krähen des Hahnes.

## Heimkehr ins »Traumland«

Anahid verweigert sich. »Ich kann meine Kleidung ändern, aber nicht mein Inneres. Ich bin eben nicht so wie die anderen. Und ich will auch nicht so sein!« Zur Bekräftigung schüttelt sie – mit einer fast kindlichen Trotzgebärde – mehrmals entschieden den Kopf. In ihrem Styling unterscheidet sich die 23-Jährige kaum von ihren Altersgefährtinnen: Der wadenlange, enge Rock und das schmale T-Shirt sind natürlich schwarz – so wie, meiner Beobachtung nach, der Großteil der Kleidung, die von den jungen Menschen in diesem Land getragen wird. Eine kleine farbliche Extravaganz erlaubt sich Anahid mit einer dünnen, sonnengelben Bluse, die sie offen über dem T-Shirt trägt. Aber weder diese noch die dazu passenden – ebenfalls sonnengelben – Sandalen und auch nicht die sorgfältig frisierten, langen, dunkelbraunen Locken genügen, um aus der hübschen, jungen Frau eine auffallende Erscheinung zu machen.

Bemerkenswert an ihrem Auftritt in der Hotelhalle, in der wir uns verabredet haben, ist lediglich, dass sie, als sie den Portier nach mir fragt, nur eine der beiden kleinen Kopfhörerkapseln ihres Walkman abnimmt. Als sie mich sieht – ich habe schon in der Cafélounge auf sie gewartet und die Szene beobachtet –, winkt sie mir kurz zu, um dann auch für die wenigen Schritte durch die Halle den Hörer wieder ins Ohr zu stecken.

»Ohne meinen Walkman kann ich einfach

nicht sein«, erklärt mir Anahid, als sie nach der Begrüßung dann doch den kleinen Kassettenrekorder plus Kopfhörer in der Handtasche verstaut. »Meist drehe ich ganz laut auf, damit ich nicht hören muss, was rings um mich gesprochen wird. Außerdem redet mich niemand an, wenn ich Kopfhörer aufhabe.« Was sie sich denn da so anhöre, wenn sie, ausgestattet mit Walkman, in Jerewan unterwegs sei, will ich von ihr wissen. »Sehr oft Gedichte, am liebsten Heine oder Rilke, von Kassetten, die mir Freunde aus Deutschland geschickt haben, natürlich auf Deutsch.« Erstaunliche Hörvorlieben, meine ich und frage Anahid, ob sie nicht auch Musik höre. »Klar! Gerade jetzt, auf dem Weg hierher, eine tolle Kassette, die ich vor ein paar Tagen bekommen habe. Horchen Sie mal!« Mit einem Handgriff hat sie den Walkman wieder aus der Tasche geholt, bietet mir die Kopfhörer an. »Wahnsinnsmusik, nicht wahr? Von György Ligeti! Das ist genau das Richtige für mich. Und das«, so vermerkt sie triumphierend, »kennt hier keiner!«

Mit dem Aufstecken der Kopfhörer verschließt sich Anahid also vor ihrer Umwelt, und durch die Dinge, die sie hört, will sie sich offenbar noch zusätzlich distanzieren. Dabei war Armenien noch vor wenigen Jahren ihr, wie sie sagt, »Traumland« gewesen. Damals lebte sie mit ihren Eltern in Deutschland, wo der Vater als Facharbeiter in der Metallindustrie arbeitete.

Anahids Familie hatte Armenien 1992 verlassen. So wie sie kehrten zu dieser Zeit auch viele andere dem eben erst selbständig gewordenen Land den Rücken. Insgesamt emigrierten während der neunziger Jahre an die achthunderttausend Menschen, manche Schätzungen liegen sogar bei einer Million. Armenien verlor damit rund ein Viertel seiner Bevölkerung. Der Großteil, rund 85 Prozent, emigrierte nach Russland, wo die Integration am leichtesten war – nicht nur weil sich die Ex-Sowjetbürger dort nicht im »Ausland« fühlten, sondern auch wegen der dort seit langem bestehenden, großen armenischen Gemeinden. Derzeit leben an die dreieinhalb Millionen Armenier in Russland, was den russischen Präsidenten Vladimir Putin bei einem Armenienbesuch zur Feststellung veranlasste, dass er Präsident von mehr Armeniern sei als der armenische Präsident Robert Kotscharjan, der über rund drei Millionen herrscht.

Auslöser für den Massenexodus aus der Kaukasusrepublik waren vor allem die dramatische Verschlechterung der wirtschaftlichen Lage und die damit verbundene hohe Arbeitslosigkeit nach dem Zerfall der Sowjetunion gewesen. Ein weiterer entscheidender Faktor war die unsichere politische Lage aufgrund des Konfliktes mit dem Nachbarstaat Aserbaidschan. Im Mittelpunkt stand dabei die Region Berg-Karabach, ein seit jeher vorwiegend von Armeniern bewohntes Gebiet. 1921 war es von den Sowjets Aserbaidschan zugesprochen worden, in der Folge hatte es immer wieder Bestrebungen gegeben, die Enklave an Armenien anzugliedern. Als 1991 beide Republiken, sowohl Armenien als auch Aserbaidschan, unabhängig wurden, kam es zur Eskalation und zu blutigen militärischen Auseinandersetzungen, die auf beiden Seiten Hunderttausende Menschen zu Flüchtlingen machten. Seit 1994 herrscht Waffenstillstand, Berg-Karabach, ein Teil der umliegenden Region sowie ein Landkorridor, der die Region mit Armenien verbindet, sind seither armenisch besetzt. Die Verhandlungen zur Konfliktbeilegung, die unter der Schirmherrschaft der OSZE stehen, haben bislang noch zu keinem endgültigen Ergebnis geführt.

»Von all diesen Problemen habe ich in Deutschland relativ wenig mitbekommen«, erzählt Anahid. »Wir waren deshalb dorthin gegangen, weil mein Vater schon früher einmal für einige Zeit in Deutschland gearbeitet hatte. Er hatte dort gute Bekannte, Armenier, die ihm auch halfen, wieder einen Job zu bekommen.« 1998 aber, nachdem sie das Abitur abgelegt hatte, beschlossen ihre Eltern, nach Armenien zurückzukehren. Man hatte einiges gespart, der Vater hoffte, mit seiner Auslandserfahrung einen guten Job zu finden – und vor allem quälte das Heimweh. »Ich litt furchtbar darunter, obwohl ich mich in Deutschland eigentlich sehr wohl fühlte. Aber je länger ich von Armenien weg war, desto mehr wurde es für mich zu einer Art Traumland, in dem alles gut und schön ist.«

Die Rückkehr wurde zur Enttäuschung: Der Vater fand nicht den Traumjob, die Tochter nicht das Traumland. »Ich war einfach nicht darauf vorbereitet, dass hier vieles vollkommen anders ist als in Deutschland. Das begann schon damit, dass mich alle komisch anguckten, weil ich mit lässigen, ausgefransten Jeans und bunten T-Shirts umherlief. Die Haare hatte ich ein wenig punkig gestylt, ohnehin ganz harmlos, aber alle tuschelten über mich. Da begann ich, nur mehr mit Walkman aus dem Haus zu gehen, damit ich nicht höre, was die Leute über mich reden.«

In ihrer Kleidung habe sie sich dann doch angepasst – »ich habe es einfach nicht durchgehalten, dauernd aufzufallen« –, mit den Haltungen ihrer Landsleute aber will sich Anahid nicht abfinden: »Seit ich hier bin, werde ich andauernd von Verwandten und Bekannten gefragt, wann ich denn heirate. Und wenn ich dann, nur um Ruhe zu haben, sage: vielleicht nie – dann sind sie total schockiert. Heiraten und Kinderkriegen, das ist hier das Wichtigste. Wenn man mit 23 noch keinen Mann hat, dann wird man schon schief angesehen.«

Natürlich wolle auch sie gerne einmal eine Familie haben, betont Anahid, aber sie lasse sich nicht vorschreiben, wann das zu sein habe und vor allem nicht, wie sie sich bis dahin zu verhalten habe. »Aber dafür gibt es hier wenig Verständnis, weder bei den Männern noch bei den Frauen.« Anahid, die gerade erst ihr Germanistikstudium abgeschlossen hat und als Fremdsprachensekretärin tätig ist, wohnt gemeinsam mit ihren beiden Geschwistern in der kleinen Wohnung der Eltern: »Ich teile mit meiner Schwester ein Zimmer, mein Bruder schläft im Wohnzimmer.« Gerne würde sie von zu Hause ausziehen, vielleicht, wenn es finanziell machbar ist, gemeinsam mit einer Freundin irgendwo eine kleine Wohnung mieten. »Die ganze Verwandtschaft ist deswegen schon jetzt in Aufregung. Alle meinen, das sei unmöglich, das gehöre sich nicht, eine junge Frau müsse bis zur Hochzeit bei ihren Eltern wohnen, sonst verliere sie ihren guten Ruf und damit alle Heiratschancen.« Und was sagen ihre Eltern dazu? »Die haben resigniert. Sie sagen: Wenn du keine Probleme haben willst, dann pass dich an.«

Rechtlich seien Frau und Mann in Armenien vollkommen gleichgestellt, erklärt mir Anahid: »Aber das ist reine Theorie, die Praxis sieht ganz anders aus. Zwar gibt es viele berufstätige Frauen, auch in hochqualifizierten Jobs – das ist sowjetisches Erbe. Zu Hause aber gelten die alten orientalischen Traditionen. Da hat die Frau nur wenig zu sagen, die wesentlichen Entscheidungen trifft der Mann.«

Aber nicht nur die schwache Position der Frauen, vor allem der jungen, unverheirateten, sei problematisch, meint Anahid: »Die gesamte Familienstruktur ist sehr patriarchalisch.« Auch von jungen Männern, selbst wenn sie schon verheiratet seien und Kinder hätten, werde meist erwartet, dass sie sich so verhalten und ihr Leben so gestalten, wie es der Vater als Familienoberhaupt vorgebe. Ein System, an dem sich, befürchtet Anahid, in nächster Zeit nicht zuletzt auch wegen der schlechten wirtschaftlichen Lage wenig ändern werde. »Um selbständig zu sein, um sich ein wenig von der Familie abzunabeln, braucht man Geld. Aber wer hat das hier schon?«

## Exportschlager Arbeitskräfte

»Mehr als die Hälfte der armenischen Bevölkerung lebt unterhalb der Armutsgrenze. Im Jahr 2003 betrug das Durchschnittseinkommen rund 18 Euro pro Monat. Die Lebenshaltungskosten sind allerdings wesentlich höher. Der Wert des von der Regierung im Herbst 2003 festgelegten Warenkorbs beträgt 40 Euro pro Person und Monat, was sehr niedrig kalkuliert ist. Laut unseren Berechnungen sind rund 55 Euro monatlich zu veranschlagen.«

Gevorg Poghosyan hat alle Daten parat. Der Soziologe ist Präsident der ASA – Armenian Sociological Association, einer, wie er gleich zu Beginn unseres Gespräches betont, »nichtstaatlichen Nonprofitorganisation, die unter anderem von den Vereinten Nationen und über EU-Programme wie Tacis finanziell unterstützt wird«. Das Büro der ASA befindet sich im Stadtzentrum von Jerewan, in einem alten, repräsentativen Haus mit breitem Treppenaufgang, hohen Räumen – alles allerdings ein wenig desolat. Das Ambiente wirkt irgendwie verschlafen und verstaubt, und man würde nicht vermuten, sich hier in einem sehr produktiven Forschungsinstitut zu befinden. In den letzten Jahren haben Poghosyan und seine fünfzehn Mitarbeiter zahlreiche Analysen zur aktuellen Situation in Armenien durchgeführt und eine Reihe von Publikationen herausgebracht.

Begrüßt werde ich von dem freundlichen, sehr offen wirkenden 53-Jährigen mit Kaffee und armenischem Kognak. »Erzählen Sie mir doch ein wenig von sich und Ihren Projekten«, fordert er mich auf, und man merkt, dass er es versteht, die Leute zum Reden zu bringen. Das schaffte Poghosyan unter anderem auch, als er vor kurzem die Lebensbedingungen von Angehörigen der kleinen aserbaidschanischen Minderheit in Armenien untersuchte, sich also mit einer Gruppe beschäftigte, die seit dem Berg-Karabach-Konflikt zahlreichen Anfeindungen ausgesetzt ist und sich nur ungern zu erkennen gibt. Noch schwieriger waren seine Recherchen zum Thema »Homosexualität in Armenien«, denn damit griff er einen in diesem Land extrem tabuisierten Bereich auf.

Gevorg Poghosyans Hauptinteresse aber gilt dem Problem der Migration und deren Auswirkungen auf Armenien. Als ich ihm erzähle, dass ich mich mit der aus Deutschland remigrierten Anahid getroffen habe, will er mehr über die junge Frau und ihre Familie wissen. »Für mich ist das Interessante an diesem Fall, dass die Familie aus eigenen Stücken nach Armenien heimgekehrt ist. Das ist bei jenen Menschen, die das Land – seit es unabhängig ist – verlassen haben, eher eine Ausnahme. Denn von den jährlich fünf- bis siebentausend Remigranten kommt der Großteil nicht freiwillig zurück. Die meisten hatten sich illegal im Ausland aufgehalten und wurden abgeschoben.«

Die Emigrationswelle der neunziger Jahre habe vor allem zu einem dramatischen »Braindrain« geführt, zu einer massiven Abwanderung der Intelligenz des Landes: »Armenien hat sich zu einem Land entwickelt, dessen Hauptexportartikel hochqualifizierte Arbeitskräfte sind«, erläutert Poghosyan. Die meisten der Emigranten seien gut ausgebildete Fachleute, mehr als die Hälfte verfüge über höhere Schulbildung, rund ein Drittel über einen Universitätsabschluss, der Großteil der Emigranten seien Männer im erwerbsfähigen Alter. »Unsere Gesellschaft wird durch diese Entwicklung sehr geschwächt. Die armenische Bevölkerung besteht derzeit zu rund fünfundfünfzig Prozent aus Pensionisten und Hausfrauen, dazu kommen noch rund zehn Prozent Kinder und Jugendliche. Insgesamt sind das also sehr viele Menschen, die nicht in die Arbeitswelt eingebunden sind, die kein Einkommen haben, die aber Unterstützung vom Staat brauchen – nämlich Pensionen, Ausbildung, diverse Sozialleistungen. Es ist eine riesige Gruppe, die der Regierung natürlich einiges Kopfzerbrechen bereitet. Denn bei einer derartigen Bevölkerungsstruktur ist es sehr schwierig, eine funktionierende Ökonomie herzustellen.«

Paradoxerweise schwächt die Emigration Armenien einerseits und stellt andererseits für das Land eine große Hilfe dar. Alljährlich werden rund 785 Millionen Euro aus dem Ausland nach Armenien geschickt – Geld, das zu einem großen Teil aus der so genannten »neuen Diaspora« kommt, also von jenen Leuten, die erst in den letzten Jahren das Land verließen. Sie haben noch enge Beziehungen zu ihren Familien und ihren Freunden in Armenien und unterstützen sie regelmäßig. »Diese 785 Millionen Euro sind annähernd doppelt so viel wie das jährliche Staatsbudget Armeniens. Man kann sich also vorstellen, in welche Krise das Land schlittern würde, gäbe es diese Geldzuwendungen nicht. Sie lindern die negativen Auswirkungen des geringen Einkommens und tragen ein wenig zur Anhebung des Lebensstandards bei. Bei einer unserer Untersuchungen haben 55 Prozent der Befragten angegeben, regelmäßig Geld aus dem Ausland zu erhalten.«

Wer keine oder zu wenig finanzielle Hilfe aus dem Ausland bekommt, der ist gezwungen, nach und nach sein Hab und Gut zu verkaufen. Das macht Jerewan zu einer Fundgrube für alle Antiquitätenliebhaber: alter Goldschmuck und kostbare Teppiche sind da zu ebenso günstigen Preisen zu finden wie Bilder, Schnitzereien, schweres Silbergeschirr, so mancher Samowar und viele Bücher – darunter neben armenischen und russischen auch zahlreiche französische, englische und das eine oder andere deutschsprachige Werk. Das Angebot in den Läden und auf den Kunst- und Trödelmärkten ist groß und von auffallend hoher Qualität. »Die armenische Armut ist eine neue Art von Armut«, erklärt Poghosyan. »Es ist weder jene chronische, seit langem bestehende Armut, wie sie in vielen Ländern Afrikas und teilweise auch in Asien zu finden ist, und es ist auch nicht jene Art von Armut, die mit einem niedrigen Bildungsniveau zusammenhängt. Die Menschen, die hier bei uns so arm sind, dass sie ihren Besitz verkaufen müssen, haben oft eine sehr gute Ausbildung. Viele von ihnen sind Akademiker, Universitätsprofessoren sind genauso darunter wie Ärzte oder Lehrer. Bis vor wenigen Jahren war es unvorstellbar, dass jemand wie sie in diesem Land je arm sein könnte.«

Armenien war zwar die kleinste Sowjetrepublik, von der Wirtschaftsleistung her aber nahm es eine Spitzenposition innerhalb der UdSSR ein. Der Lebensstandard war, gemessen am üblichen Sowjetniveau, relativ hoch. Verschärft wurde die ökonomische Krise nach dem Zerfall der Sowjetunion durch den Berg-Karabach-Konflikt. Denn ein Großteil der Straßenverbindungen nach Armenien verlief früher über das Gebiet von Aserbaidschan. Mit dem Ausbruch der militärischen Auseinandersetzungen verhängte dieses eine Blockade gegenüber dem Nachbarland, 1993 schloss auch die Türkei die Grenzen zu Armenien. Dieses befindet sich damit in einer fast vollständigen Isolation. Offen sind lediglich im Norden und Süden die schmalen Grenzabschnitte zu Georgien und zum Iran.

Für die armenische Bevölkerung wurde der wirtschaftliche Kollaps des Landes zu einem traumatischen Erlebnis, das – verständlicherweise – nur schwer zu verkraften ist. Zukunftsängste, Hoffnungslosigkeit, Resignation, starkes Misstrauen gegenüber der wirtschaftlichen Kompetenz der Regierung und oft verklärte Erinnerungen an die Zeit vor der Unabhängigkeit prägen die Stimmung und kommen in einer Vielzahl von Klagen über die gegenwärtige Situation zum Ausdruck. Auch dazu gibt es die passenden Daten, die allerdings nicht von Gevorg Poghosyan stammen, sondern aus dem britischen Magazin *New Scientist*. Es veröffentlichte im Oktober 2003 eine Studie zu globaler »Happiness and Satisfaction«. Gemäß dieser waren im Untersuchungszeitraum von 1999 bis 2001 auf einer internationalen Zufriedenheitsskala die Nigerianer das zufriedenste Volk der Welt, die Armenier – gemeinsam mit den Rumänen und Russen – die Allerunzufriedensten.

## Beim Chefökonomen des Präsidenten

»Ich habe gute und schlechte Neuigkeiten. Welche wollen Sie zuerst hören?« Vahram Nercissiantz wirkt wie ein verständnisvoller Arzt, der seine Diagnose auch dem störrischsten Patienten mit viel Geduld zu erläutern bereit ist. Der zierliche, agile Mittsechziger, der trotz schütteren Haares um einiges jünger aussieht, spricht ruhig und gemessen, immer wieder fragt er nach, ob man auch alles verstanden habe, noch irgendwelche zusätzlichen Informationen benötige. »Meine Aufgabe besteht darin, einen sachlichen Befund auf der Basis objektiver Daten abzuliefern«, erklärt er, »und natürlich sind es oft auch bittere Pillen, die ich zu verteilen habe.«

Die Ähnlichkeit mit einem Arzt ist also gar nicht so weit hergeholt. Allerdings hatte ich Nercissiantz nicht um eine medizinische Auskunft gebeten, sondern ihn gefragt, wie sich die wirtschaftliche Situation Armeniens seit unserem letzten Gespräch, das im Jahr 2000 stattgefunden hatte, entwickelt habe. Denn der gelernte Ökonom ist Chefberater des armenischen Präsidenten Kotscharjan in Wirtschaftsfragen. Außerdem ist er nicht nur einer der besten Kenner der Lage, sondern auch jemand, der seine Meinung offen darlegt. »Ich habe es nicht notwendig, irgendwelche Rücksichten zu nehmen«, betont er, »denn ich bin von niemandem abhängig. Ich arbeite hier vollkommen gratis, als Geschenk für dieses Land.«

Seine Unabhängigkeit leistet er sich mithilfe

der Pension, die er als ehemaliger Mitarbeiter der Weltbank erhält. Vahram Nercissiantz ist ein »Diaspora-Armenier«: Er stammt aus einer alten armenischen Gemeinde im Iran (»Meine Familie ist bereits 1604 dorthin ausgewandert«), absolvierte ein Wirtschaftsstudium in den USA und war dreißig Jahre lang im Auftrag der Weltbank als Entwicklungsberater in Afrika und Südamerika tätig. »Immer, wenn ich irgendwo ein Projekt abgeschlossen hatte und ganz relaxed im Flugzeug saß, auf der Heimreise nach Washington, begann ich vor mich hin zu träumen, dass es irgendwann einmal möglich sein werde, so etwas auch im Land meiner Vorväter zu tun. Dann wieder ärgerte ich mich über diese Spintisiererei, denn damals, zu Sowjetzeiten, war ein Engagement der Weltbank in Armenien natürlich reine Illusion.«

Als das Land unabhängig wurde, konnte Nercissiantz seine Träume verwirklichen: »Ich bin das erste Familienmitglied seit fast vierhundert Jahren, das in die Heimat zurückkehrt«, vermerkt er beiläufig, aber mit doch nicht zu überhörendem Stolz. Unter seiner Leitung wurde in den neunziger Jahren in Jerewan ein Büro der Weltbank eingerichtet. »Ich ließ mich aber zum frühestmöglichen Termin pensionieren und bin seit 1998 auf freiwilliger Basis tätig.«

Ich will von Vahram Nercissiantz wissen, ob er es manchmal bereue, den wohlverdienten und finanziell gut abgesicherten Ruhestand irgendwo in Florida gegen die Tätigkeit als, wie er es nennt, »full-time volunteer economist« im krisenanfälligen Armenien eingetauscht zu haben. »Nein, niemals!«, lautet die eindeutige Antwort. Obwohl, wie er einräumt, es gut gewesen sei, dass er sein Haus in den USA nicht aufgegeben habe. Es sei sein »hideout«, sein Zufluchtsort, an den er sich jedes Jahr für einige Wochen zurückziehe. Das brauche er, um die Dinge wieder klar sehen zu können: »Hier, inmitten dieses vielen Gejammers, kann man leicht den Mut verlieren.«

Die Unzufriedenheit eines großen Teiles der armenischen Bevölkerung mit der wirtschaftlichen Situation des Landes scheint also zu jenen schlechten Neuigkeiten zu gehören, die Vahram Nercissiantz für mich bereithält. Mit den guten ist er rasch fertig: »Die armenische Wirtschaft hat sich in den letzten Jahren durchaus positiv entwickelt. In allen Bereichen sind Zuwächse zu verzeichnen, neue Arbeitsplätze konnten geschaffen werden, die Inflation wurde erfolgreich eingedämmt, sodass der armenische Dram mittlerweile die stabilste Währung der gesamten Region ist. Es gibt vermehrt ausländische Investitionen, die Exporte haben zugenommen, das Bruttosozialprodukt ist gestiegen.«

Klingt doch alles recht ermutigend. Warum aber dann die vielen Klagen, dass in Armenien »einfach nichts weitergehe«, woher rührt die allgemeine Frustration? »Es hat sich gezeigt – und das waren auch für mich schlechte Neuigkeiten –, dass von diesem wirtschaftlichen Wachstum weit weniger Menschen profitieren, als wir gedacht haben.« Eine relativ kleine Gruppe von Konjunkturgewinnern werde immer reicher, für die meisten Menschen aber habe sich bislang finanziell kaum etwas geändert.

Eine Entwicklung, die in Armenien allerorten

sichtbar wird: hier die vielen Menschen, die nur mit Mühe ihren Lebensunterhalt bestreiten können, da die wenigen, die sich ein Luxusleben mit teuren Autos und Einkäufen in den Jerewaner Designerboutiquen leisten können. Rund fünf Prozent der Bevölkerung, so die Schätzungen, verfügen über siebzig Prozent des gesamten Volksvermögens. »Natürlich haben wir gewusst, dass der wirtschaftliche Aufschwung auch gewisse Ungerechtigkeiten in der Verteilung mit sich bringen werde, aber in diesem Ausmaß hatten wir sie nicht erwartet«, gesteht Vahram Nercissiantz.

Eines der Hauptübel sieht er in der fast allgegenwärtigen Korruption: Steuern werden hinterzogen, Abgaben umgangen, Beamte bestochen. Damit sichern sich die wenigen »big guys«, die das Wirtschaftsleben in der Hand haben, ihre Position ab, dem Staat aber entgeht sehr viel von jenen Einnahmen, die für den Aufbau einer funktionierenden Infrastruktur und vor allem eines gerechten Sozialsystems dringend notwendig wären. Derzeit hat Armenien prozentuell die geringsten Steuereinnahmen aller ehemaligen Sowjetrepubliken, der Anteil der Schattenwirtschaft am gesamten Wirtschaftsleben liegt bei geschätzten 75 Prozent.

Allerdings bezweifelt Nercissiantz, dass das Problem – trotz einer Reihe von Anti-Korruptionskampagnen – rasch zu lösen sei. Denn zu bestechen und bestochen zu werden seien tief verwurzelte soziale Verhaltensmuster, die nur schwer zu ändern sein werden: »Die Mentalität der Menschen hier ist durch viele Jahrhunderte des Despotismus geprägt. Die sowjetischen Diktatoren waren ja nur die letzten in einer fast unüberschaubaren Reihe von Unterdrückern. Davor gab es die Zaren und die Schahs, die Khans und die Sultane, und alle verhielten sich in ihrer absoluten Willkür vollkommen gleich. In derartigen Systemen wird Korruption für die Menschen zum Selbstschutz. Man besticht die Mächtigen, damit sie einem gewogen bleiben, und man lässt sich auch selbst auf korrupte Geschäfte ein. Denn da man – etwa als Beamter – vollkommen von den Launen des Despoten abhängig ist und jederzeit seinen Job verlieren kann, ist es notwendig, sich auf diese Weise eine finanzielle Absicherung zu schaffen. Korruption wird damit zu einer Überlebenstechnik – und zu einem positiven Wert.« Wem es also gelingt, dem despotischen Staat durch Betrug ein Schnippchen zu schlagen, der kann sich fast schon als Held fühlen.

Ein derartiges Wertesystem, das sich über Hunderte Jahre verfestigt habe, könne man nicht von heute auf morgen ändern, meint Vahram Nercissiantz. Er hofft vor allem auf die positiven Auswirkungen der Privatisierung der armenischen Wirtschaft: »Dann kann auf jeden Fall die staatliche Korruption eingeschränkt werden – und damit ist hier ja bereits viel gewonnen.«

Bei gleich bleibendem Wirtschaftswachstum und einer Eindämmung der Korruption sollte es möglich sein, den Lebensstandard eines Großteils der Armenier in den kommenden Jahren merkbar anzuheben – dennoch aber, glaubt Nercissiantz, werden die Menschen auch weiterhin jammern und sich über die schlechten Verhältnisse beklagen: »Auch das gehört hier zu den typischen Verhaltensweisen und hängt eng mit der Geschichte zusammen. Da die Armenier so lange Zeit der Willkür despotischer Herrscher ausgeliefert waren, haben sie eine Opfermentalität entwickelt. Die historische Erfahrung der Menschen war, dass sie stets nur ausgenutzt, unterdrückt, bedroht und verfolgt wurden. Immer war man Opfer, und Opfer klagen und jammern natürlich. Mittlerweile können die Armenier gar nicht anders, als aus dieser Opferrolle heraus zu agieren – auch, wenn es ihnen gut geht. Es fehlt ihnen das Konzept der positiven Selbstbestätigung, das ja vor allem ein westliches Konzept ist. Sie sehen immer und überall das Negative, bringen es nicht über die Lippen zu sagen: super, alles läuft gut! Aber irgendwann werden sie wohl auch das lernen.«

## Eine Armee von 36 Soldaten

Väterchen Stalin musste Mutter Armenien weichen. Einige Jahre lang war er gebieterisch, in militärischem Habit, über der Stadt gestanden, dann aber war seine Zeit zu Ende. Ein Monument wurde gestürzt. 1949, zu seinem siebzigsten Geburtstag, hatte man dem Sowjetführer in Jerewan ein riesiges Denkmal errichtet: eine 22 Meter große Statue auf einem 36 Meter hohen Postament, das man auf einem Hügel oberhalb der Stadt aufgebaut hatte. Der Diktator hatte von hier aus gewissermaßen alles im Blick – und er war unübersehbar.

Nach dem Ende der Stalin-Ära wurde die Statue entfernt, das Postament aber blieb. Ein paar Jahre später, 1967, nahm darauf eine andere, noch etwas größere Gestalt Aufstellung: die 26 Meter hohe *Majr Hajastan*, die »Mutter Armenien« – eine schlanke Frauenfigur in strammer Haltung, in einem langen, wallenden Gewand, vollbusig und mit etwas überproportionierten, muskulösen Armen, in ihren kräftigen Händen ein riesiges Schwert.

Auch die breite Prachtstraße, die quer durch die Jerewaner Innenstadt – vorbei an zahlreichen repräsentativen Gebäuden wie der Oper und der Konzerthalle – zum Fuß des Denkmalhügels hinführt, wurde umbenannt: aus Stalini poghota, dem Stalin-Prospekt, wie die Bezeichnung in deutschsprachigen Reiseführern aus jener Zeit lautet, wurde der Lenin-Prospekt. Mittlerweile hat der Name noch einmal gewechselt und lautet nun Maschtotzi poghota – ins Deutsche nun meist als Maschtotz Boulevard übersetzt.

Den kommunistischen Führern folgte mit Mesrop Maschtotz ein armenischer Heiliger. Sein Denkmal bildet – zusammen mit dem dahinter liegenden, einem antiken Tempel nachempfundenen Gebäude – den Abschluss des Boulevards. Im Gegensatz zur kämpferischen Mutter Armenien auf dem Hügel hoch über ihm sitzt Mesrop Maschtotz friedlich und gelassen auf einem Steinblock – ein bärtiger Mann in Mönchskutte, die Arme wie zum Predigen ausgebreitet. Rechts vor ihm kniet ein junger Mann – Koriun, sein Schüler und Biograf –, links hinter ihm ist in eine hohe Steinstele jene Erfindung eingemeißelt, die den Heiligen auch zum Nationalhelden macht: das armenische Alphabet.

Mesrop Maschtotz, geboren um das Jahr 362, war ein Angehöriger der intellektuellen Elite des Landes. Er stand zunächst im Militärdienst, wurde dann Mönch und er verfügte über reiche Sprachkenntnisse. Um 400 wurde er vom damaligen Oberhaupt der armenischen Kirche, Katholikos Sahak I., mit der Schaffung einer armenischen Schrift beauftragt. Nach genauen Studien unterschiedlicher Alphabete entwarf Maschtotz 36 Schriftzeichen, wobei er sich vor allem am griechischen Alphabet orientierte, das er aber weiterentwickelte und sehr genau dem Lautbild der armenischen Sprache anpasste. Die Schriftzeichen erwiesen sich als so zweckmäßig, dass sie bis heute nicht verändert wurden – das Alphabet wurde später lediglich um drei Zeichen erweitert, die von Mesrop Maschtotz geschaffenen Großbuchstaben um die entsprechenden Kleinbuchstaben und um eine Schreibschrift ergänzt.

Im Lauf der Jahrhunderte haben sich zwei Varianten des Armenischen, das eine indoeuropäische Sprache ist, herausgebildet: das Ostarmenische, das in der Republik Armenien, im Iran und in den armenischen Enklaven der früheren Sowjetunion gesprochen wird, und das Westarmenische, das von den Armeniern aus der Türkei und dem Nahen Osten verwendet wird und im Wesentlichen die Sprache der armenischen Diaspora ist. Die beiden Sprachformen weisen teilweise beträchtliche Unterschiede in Intonation, Wortschatz und Grammatik auf – die Schriftzeichen aber sind für beide gleich.

Die Beweggründe zur Schaffung eines armenischen Alphabets waren sowohl politische als auch religiöse. Denn Armenisch wurde im Lauf des 4. Jahrhunderts als die schriftlose Sprache des einfachen Volkes im offiziellen Gebrauch immer mehr zurückgedrängt: Die Kirche benutzte Griechisch und Syrisch, die als die »christlichen Sprachen« galten, die herrschenden Schichten sprachen Griechisch und vor allem Mittelpersisch. Maschtotz und sein Auftraggeber Sahak I. sahen in dieser Situation die Gefahr der Auflösung der armenischen Nation, es drohte die vollständige Assimilierung an die im religiösen Bereich dominierende byzantinische Kultur oder das Aufgehen in dem politisch die Region beherrschenden Persischen Reich.

Das von Mesrop Maschtotz entwickelte Alphabet und die von ihm initiierte erste Bibelübersetzung ins Armenische wurden zu entscheidenden Faktoren bei der Konstituierung und Festigung der armenischen Identität. Zum »Fest der Übersetzer«, das alljährlich am zweiten Samstag im Oktober gefeiert wird und mit dem der ersten Bibelübersetzung gedacht wird, pilgern stets Tausende Menschen in das rund zwanzig Kilometer nordwestlich von Jerewan gelegene Dorf Oschakan, wo sich das Grab des 440 verstorbenen Maschtotz befindet.

Bis heute haben die Armenier eine starke emotionale Bindung zu ihren Schriftzeichen, die auch in vielfältiger Weise als dekorative Elemente verwendet werden: Tafeln mit dem gesamten Alphabet, ähnlich jener beim Maschtotz-Denkmal, sind, in verschiedenen Größen und Materialien, überall im Land zu finden – großformatig in Kirchen und Verwaltungsgebäuden, in kleinerer Ausführung als Wandschmuck in den Wohnungen, Miniaturversionen als Lesezeichen und Postkarten, in Stoffdruck auf T-Shirts und Tüchern. Aber auch einzelne Schriftzeichen werden als kunstvolle Initialen in unterschiedlichster Ausfertigung hergestellt – als Bilder und Schmuckstücke, in Gold, Silber und Keramik, auf Holz, Glas und Papier.

»Solange es die armenische Sprache gibt, wird es auch die armenische Schrift geben«, betont Sen Arevshatyan. Er ist der Direktor des Maschtotz Instituts für alte Handschriften, kurz Matenadaran, Handschriftensammlung, genannt. Das Matenadaran befindet sich in jenem tempelartigen, in den späten fünfziger Jahren errichteten Gebäude, vor dem der Schöpfer der armenischen Schrift in Stein gehauen sitzt. Es ist nicht nur eine der berühmtesten Sehenswürdigkeiten Jerewans, sondern auch eine der wichtigsten Forschungsstätten zur Kulturgeschichte des Landes und die weltweit größte Sammlung an armenischen Handschriften. Insgesamt beherbergt das Matenadaran mehr als 17.000 Autografen, deren Entstehungszeit teilweise bis ins 5. Jahrhundert zurückreicht: religiöse Texte finden sich hier genauso wie Werke zur Geschichte, Philosophie, Mathematik, Medizin und Astronomie – alles Dokumente der alten und überaus reichen armenischen Schriftkultur.

»Ein armenischer Dichter vermerkte einmal, dass unsere Schriftzeichen eine kleine Armee von 36 Soldaten bilden, die nun schon über 1600 Jahre die nationale Identität der Armenier erfolgreich verteidigt haben«, erzählt Sen Arevshatyan. Dieser enge Zusammenhang von Schrift und nationaler Identität sei auch der Grund, warum ein Ersetzen der armenischen Schriftzeichen durch kyrillische oder lateinische nie zur Diskussion stand – und auch nie stehen wird, meint Arevshatyan.

Lediglich für die elektronische Kommunikation via E-Mail und Internet hat sich in den letzten Jahren die Verwendung lateinischer Zeichen in Verbindung mit einer auf dem Englischen basierenden Transkription als international üblicher Standard etabliert. Schwierigkeiten bereitet dies kaum jemandem, denn die Armenier sind es gewohnt, von einer Schriftart in die andere zu wechseln. Deutlich zeigt sich dies im Straßenbild von Jerewan: neben Aufschriften in Armenisch finden sich fast ebenso viele russische in kyrillischer Schrift. Die meisten in den letzten Jahren eröffneten Geschäfte hingegen werben für sich und ihre Produkte mit Namen in Lateinschrift – die Botschaft, die damit vermittelt werden soll, ist klar: Das hier Angebotene komme aus dem »Westen«, aus Europa oder den USA, und sei somit neu, modern und erstrebenswert.

Werbung in russischer Sprache ist im Straßenbild wesentlich seltener zu entdecken – dafür aber sind an den Zeitungskiosken die russischen Magazine gegenüber den armenischen eindeutig in der Mehrzahl, die vielen russischen Fernsehprogramme, die problemlos zu empfangen sind, stellen eine starke Konkurrenz für die armenischen dar. Wann auch immer irgendjemand irgendwo ein Fernsehgerät in Betrieb nimmt und sich durch die Programme zappt, bleibt er – so mein Eindruck – mit neunzigprozentiger Wahrscheinlichkeit innerhalb kürzester Zeit bei einem russischen hängen.

Das Verhältnis zu Russland scheint im GUS-Staat Armenien weitgehend problemlos zu sein. Russland garantiert – mit starker militärischer Präsenz – nicht nur die Sicherheit des Landes, sondern es ist auch wichtigster Handelspartner, Rohstofflieferant und Kreditgeber. Immer wieder werden in den Reden armenischer Politiker die guten Beziehungen zwischen den beiden Ländern betont; in privaten Gesprächen wird Moskau häufig als das Traumziel beschrieben, dort sei es gut zu leben, dort gebe es nicht all die Probleme, mit denen man Tag für Tag in Jerewan zu kämpfen habe.

Russisch ist in Armenien weiterhin die zweite

– wenn auch nicht mehr, so wie zu Sowjetzeiten, offizielle – Landessprache. Im täglichen Gebrauch stehen Armenisch und Russisch gleichwertig nebeneinander. Welche der beiden Sprachen verwendet wird, scheint häufig vom Zufall abhängig zu sein, manchmal wird mitten in einem Gespräch von der einen Sprache in die andere gewechselt.

Als ausländische Besucherin, die zwar Armenisch, aber nicht Russisch spricht, sorge ich immer wieder – unfreiwillig – für Heiterkeit und Verwunderung. Ersteres hängt damit zusammen, dass ich viele der russischen Ausdrücke, die in die armenische Alltagssprache eingegangen sind, nicht kenne. So ist es mir bei einem Essen mit Freunden passiert, dass ich die Frage des Hausherrn – es war mein armenischer Cicerone Robert –, ob ich *sok* trinken wolle, auch nach mehrmaliger Wiederholung nicht verstand. Robert hielt mir schließlich eine Karaffe mit Fruchtsaft hin. Da begriff ich und sagte entschuldigend: »Ich dachte, dass man dazu ›hjut‹ sagt«, worauf die ganze Tischgesellschaft in Gelächter ausbrach, weil sie glaubte, ich hätte Robert belehren wollen, was korrektes Armenisch sei. Tatsächlich war mir aber lediglich das russische Wort *sok* – Saft – nicht geläufig gewesen.

Für Verwunderung sorgt man als Ausländerin weniger durch Kenntnis des Armenischen, sondern vielmehr durch Unkenntnis des Russischen. Wer nicht Armenier ist, spricht Russisch – das scheint, trotz Zunahme des internationalen Tourismus, die immer noch gültige Regel zu sein, und wer nicht armenisch aussieht, wird daher russisch angesprochen. Bisweilen hilft es da nicht einmal, wenn man armenisch antwortet, dass man kein Russisch verstehe. Der Gesprächspartner spricht zunächst eine Weile unbeirrt Russisch weiter, hält dann inne, verwundert, dass keine Reaktion kommt – und fragt dann erstaunt und bisweilen auch ein wenig tadelnd: »Sie sprechen wirklich nicht Russisch?«

Manchmal folgt dann noch ein tröstendes – oder vielleicht auch resignatives – armenisches »wotschintsch«, »macht nichts«. Wörtlich übersetzt bedeutet der Ausdruck »nichts« und kurioserweise wird »wotschintsch« häufig auch als Antwort auf die Frage, wie es denn gehe, verwendet. Von Armeniern, die nicht aus der ehemaligen Sowjetunion stammen, sondern aus der Diaspora kommen, wird dies oft als »typisch russischer Stil« bezeichnet. Kulturelle Unterschiede kommen da zutage, und ein befreundetes armenisches Ehepaar – sie echte Jerewanerin, er aus dem Iran – hat wegen des Wörtchens »wotschintsch« regelmäßig kleinere Meinungsverschiedenheiten. »Nur ›wotschintsch‹ zu sagen, ist rüde und unhöflich«, meint er. »Entweder es geht einem gut, dann sagt man ›law‹, oder es geht einem schlecht, dann sagt man ›wat‹. Aber ›wotschintsch‹ ist keine Antwort, ›wotschintsch‹ ist nichts.« »›Wotschintsch‹ umfasst alles«, entgegnet sie. »Jeder weiß, dass es eben einmal ein wenig besser geht, einmal ein wenig schlechter. Da braucht man nicht viel herumzureden, man sagt ›wotschintsch‹, und alle wissen Bescheid.«

»Wotschintsch«, meint auch Robert, als ich sage, dass ich mir die Mutter Armenien gerne aus der Nähe ansehen würde, der Terminplan aber sehr dicht sei. »Wotschintsch, Termine lassen sich verschieben. Problem tschka.«

Eine Dreiviertelstunde dauert der Weg hinauf auf den Hügel. Wir steigen die so genannte Kaskade hoch, eine monumentale, 120 Meter hohe Treppenanlage mit 960 Stufen. Auf dem großen Platz am unteren Ende der Treppe steht ein weiteres der vielen wuchtigen Denkmäler Jerewans: Der Stadtplaner Alexander Tamanjan, der sich, vermutlich einen Plan betrachtend, auf einen riesenhaften Tisch aus Steinquadern aufstützt.

Die Mutter Armenien steht inmitten einer großen Grünanlage. Hier, im Haghtanaki ajgi, Siegespark, wird alljährlich am 9. Mai mit Kranzniederlegungen und Paraden des »Tages des Sieges« gedacht. Stand früher dabei ausschließlich der sowjetische Sieg gegen Hitlerdeutschland im Mittelpunkt, ist nun auch die Einnahme der in Berg-Karabach gelegenen Stadt Schuschi während des Karabach-Konfliktes mit Aserbaidschan Thema der Feierlichkeiten.

Im Postament der Statue der Mutter Armenien befindet sich ein Gedenkmuseum für die armenischen Soldaten im Zweiten Weltkrieg und für die Teilnehmer an den Kämpfen um Berg-Karabach. Vor dem Denkmal befindet sich ein großer Platz. Hier werden am »Tag des Sieges« viele Reden gehalten (dabei ist eindeutig Russisch die dominierende Sprache), und von hier aus sieht man direkt hinüber zum knapp vierzig Kilometer entfernten, schneebedeckten Ararat.

Der 5165 Meter hohe Berg, auf dem einst die Arche Noah gestrandet sein soll, befindet sich jenseits der türkischen Grenze, mitten im früheren, uralten armenischen Siedlungsgebiet Ostanatolien. Auch der Ararat und die mit ihm verbundenen Assoziationen von einstiger Größe des Landes, von verlorenen Schlachten und jahrhundertelanger Fremdherrschaft, von Unterdrückung und brutalen Verfolgungen gehören wesentlich zur armenischen Identität. Der Ararat ist das nationale Symbol und heute genauso wie zu Sowjetzeiten im armenischen Wappen abgebildet. Dazu erzählt mir Robert eine sehr beliebte Anekdote: »Bei einer Konferenz, an der Vertreter der Türkei und Sowjetarmeniens teilnahmen, kam es zu einer heftigen Diskussion über dieses Wappen. Die Türken meinten, dass es nicht anginge, dass darin der Ararat abgebildet sei, denn dieser befinde sich in der Türkei, gehöre also den Türken. Das sei kein gültiges Argument, entgegneten die Armenier. Denn schließlich sei auf der türkischen Fahne der Mond abgebildet. Und der befinde sich, wie ja wohl allgemein bekannt sei, auch nicht auf türkischem Territorium.«

## Die 53 Tage des Musa Ler

Das Fest ist bereits voll im Gange. Oben auf dem Hügel leuchten die Lagerfeuer, das dumpfe Schlagen der Trommeln ist weithin zu hören. Es klingt auffordernd, aber auch ein wenig bedrohlich.

Wir lassen das Auto unten an der Straße stehen. Wegen der Dunkelheit benutzen wir nicht die steile Treppe, die direkt zu dem großen, die Anhöhe dominierenden Gebäude und dem angrenzenden Festplatz führt, sondern folgen seitlich einem schmalen Weg. Das Schlagen der Trommeln wird immer lauter, dazwischen immer deutlicher die schrillen, leidenschaftlichen Klänge der *zurnas*, der orientalischen Schalmeien.

Mehrere hundert Menschen haben sich rund um die Lagerfeuer versammelt. In einem großen Kreis wird getanzt – an die vierzig, fünfzig Frauen und Männer, die Arme einander auf die Schultern gelegt, einmal in die eine, dann wieder in die andere Richtung, langsam beginnend, dann immer schneller, mit einigem Gestolper und viel Gelächter. Innerhalb der Kreise: Kinder, die in kleinen Grüppchen miteinander Ringelreihen drehen; einzelne Erwachsene, die für sich allein tanzen, immer ein paar Schritte vor und zurück, seitwärts hin und her, die Arme haben sie weit von sich gestreckt, mit den Händen machen sie kreisförmige Bewegungen, manche schwenken dabei weiße Taschentücher. Innerhalb des Kreises auch die Musikanten: Es sind drei *Zurna*-Bläser und zwei Trommler – eine erstaunlich kleine, aber unüberhörbar effektive Besetzung.

»Die größere der beiden Trommeln ist mehr als hundert Jahre alt. Sie ist ein ganz besonderes Instrument, der Stolz des Dorfes. Denn als sich unsere Großväter und Großmütter auf den Musa Dagh flüchteten, wurde sie wochenlang ununterbrochen geschlagen«, erläutert mir ein freundlicher, grau melierter Mann mittleren Alters. Es ist Kamo Ter-Petrosyan – »der Bruder des ersten armenischen Präsidenten, Levon Ter-Petrosyan«, wird mir zugeraunt. Er selbst stellt sich als Arzt und Vorsitzender der Landsmannschaft Musa Ler vor. »Unsere Vereinigung organisiert dieses Fest«, erklärt er mir. Der Veranstaltungsort, ein kleines Dorf in der Nähe von Jerewan, heißt ebenfalls Musa Ler – und trägt damit einen Namen, der höchsten Symbolwert hat und der das nationale Trauma des Genozids ebenso impliziert wie den Überlebenswillen des armenischen Volkes. Denn Musa Ler, »Moses-Berg«, ist die armenische Form des türkischen Musa Dagh – und so heißt jener Berg an der Mittelmeerküste bei Antakya, dem historischen Antiochia, nahe der Grenze zu Syrien, auf den sich 1915 die Bewohner aus den armenischen Dörfern der Region vor den türkischen Verfolgungen in Sicherheit brachten.

Auf dem Gebiet der heutigen Türkei, vor allem in Ost- und Südanatolien, gab es viele alte armenische Ansiedlungen. Lange Zeit funktionierte das Nebeneinander von Türken und Armeniern, im Lauf des 19. Jahrhunderts aber setzten zunehmend Repressionen durch das Osmanische Sultanat gegen die armenische Bevölkerung ein. Vor allem nachdem 1876 mit Abd ül-Hamid II. ein reaktionärer Alleinherrscher an die Macht gelangte, verschärfte sich die Lage in dramatischer Weise. Der Sultan setzte die Verfassung außer Kraft und machte auch all jene unter seinen liberaleren Vorgängern entwickelten Reformansätze zunichte, die eine – wenn auch eingeschränkte – rechtliche Gleichstellung von islamischer und christlicher Bevölkerung sowie einen gewissen Grad an innerer Autonomie für die armenischen Gebiete vorgesehen hatten. Dies führte zu einer teilweisen Radikalisierung der seit Mitte des 19. Jahrhunderts immer stärker werdenden armenischen Nationalbewegung, was wiederum mit verschärften Repressionen durch das Sultanat beantwortet wurde. Eine Demonstration der wenige Jahre zuvor gegründeten sozialdemokratischen armenischen Partei Hntschak im September 1895 und die – erfolglose – Besetzung der Osmanischen Bank in Konstantinopel im August 1896 durch Angehörige der ebenfalls neugegründeten armenisch-revolutionären Föderation Haj Heghapochakan Daschnakzutjun führten zu landesweiten Massakern, bei denen – nach Schätzungen des damaligen armenischen Patriarchats in Konstantinopel – an die dreihunderttausend Menschen ums Leben kamen.

Als 1908/09 die Jungtürken Sultan Abd ül-Hamid durch einen Putsch entmachteten und in der Folge die Regierung übernahmen, schien sich die Situation für die Armenier zunächst zu bessern. Die Verfassung wurde wiederhergestellt, die Staatsdoktrin des »Osmanismus« basierte auf der Idee einer multiethnischen, alle religiösen Unterschiede aufhebenden »osmanischen Nation«. 1913 allerdings, nach der türkischen Niederlage im Ersten Balkankrieg, gelangte eine extrem nationalistische jungtürkische Gruppierung an die Macht. Wesentliche Zielsetzung war die Schaffung eines monoethnischen, rein türkischen Staates. Die rund zweieinhalb Millionen Menschen umfassende armenische Minderheit war dabei ein wesentlicher Störfaktor, denn sie verfügte nicht nur über eine politisch stark engagierte Führungsgruppe, sondern auch über eine gewisse Unterstützung von außen. Mehrmals hatte es internationale Interventionen gegeben, die sich gegen die Diskriminierung der Armenier wandten. Außerdem gab es viele alte und enge Kontakte zwischen den im Osmanischen Reich lebenden Armeniern und jenen in Russland. Mit dem Beginn des Ersten Weltkriegs und dem Kriegseintritt der Türkei auf Seiten der Mittelmächte wurden die Armenier zu potentiellen Verrätern gestempelt, die mit dem Erzrivalen und nunmehrigen Kriegsgegner Russland kooperierten – was manche von ihnen unzweifelhaft taten.

Allmählich mehrten sich die Anzeichen, dass die Regierung eine Aktion gegen die gesamte armenische Bevölkerung des Landes plante: Alle armenischen Staatsbeamten wurden ihrer Posten enthoben, die armenischen Soldaten aus dem aktiven Dienst entlassen und zu Zwangsarbeit verpflichtet, viele dabei ermordet. Am 24. April 1915 kam es in Konstantinopel zu Massenverhaftungen und anschließenden Hinrichtungen. Die gesamte intellektuelle Elite – mehr als 2300 Menschen – wurde damit beseitigt. Ende Mai 1915 schließlich erließ die Regierung ein »Provisorisches Gesetz zur Deportation verdächtiger Personen«. Damit begannen die als »Umsiedlung« deklarierten Todesmärsche Hunderttausender Menschen.

Nach und nach trafen in allen armenischen Siedlungen die Deportationsbefehle ein, die den Menschen nur wenige Tage Zeit ließen, um Hab und Gut zusammenzupacken. In Fußmärschen ging es dann, unter glühender Sommerhitze, über Hunderte Kilometer in die Wüstengebiete im Norden Syriens, die angeblich als neue Wohngebiete für die Armenier bestimmt waren. Auf ihrem langen Weg waren sie Überfällen, Plünderungen, Folterungen und Massakern ausgesetzt; wer davon verschont blieb, hatte gegen Hunger, Auszehrung und Krankheiten zu kämpfen. Der deutsche Botschafter, Hans von Wangenheim, schrieb dazu im Juli 1915 an den damaligen deutschen Reichskanzler Theobald von Bethmann Hollweg, die Art, wie die Umsiedlung durchgeführt werde, zeige, »dass die Regierung tatsächlich den Zweck verfolgt, die armenische Rasse im türkischen Reiche zu vernichten«.

Rund eineinhalb Millionen Armenier kamen im Zuge der Deportationen ums Leben. Die Überlebenden retteten sich nach Russland, vor allem aber nach Syrien und in den Libanon – die Ausgangspunkte für den Weg in die weltweite Diaspora. Die uralte armenische Besiedlung Anatoliens war damit ausgelöscht.

Nur in wenigen Ausnahmefällen widersetzten sich die Armenier den Deportationsbefehlen – nicht nur, weil ihnen dazu die Möglichkeiten fehlten, sondern auch, weil die in den weitab gelegenen Dörfern lebenden Menschen oft gar nicht ahnten, was im Gange war. Erfolgreich war der Widerstand nur an zwei Orten: in der Stadt Van in Ostanatolien und am Musa Dagh. In Van verteidigten sich rund neunzigtausend Menschen aus der Stadt und der umliegenden Provinz Vaspurakan fast einen Monat gegen die Belagerung durch türkisches Militär, bis sie schließlich von einer russischen Armeeeinheit befreit wurden. Zahlenmäßig war dies die größte Widerstandsaktion, die bekannteste aber ist jene vom Musa Dagh.

Am 13. Juli 1915 wurde in den sechs armenischen Dörfern am Fuße des Berges der Deportationsbefehl an den Häusern angeschlagen. Acht Tage gab man den Menschen Zeit, ihre Siedlungen zu räumen und sich für die »Übersiedlung« bereitzumachen. Doch die Dorfbewohner beschlossen bei einer großen Versammlung im Hauptort Joghonoluk mit überwiegender Mehrheit, sich nicht kampflos zu fügen. Mit allen vorhandenen Waffen und Lebensmittelvorräten verbarrikadierten sie sich auf dem Musa Dagh. Tag und Nacht wurde die Trommel geschlagen, zunächst, um alle Armenier der Gegend zu alarmieren, dann, um ihren Kampfgeist wach zu halten.

Es gelang, eine Reihe von Angriffen des türkischen Militärs erfolgreich abzuwehren. Das Meer, zu dem hin der 1281 Meter hohe Berg auf einer Seite steil abfällt, war dabei für die Armenier eine schützende Rückendeckung. Bald wurde auch klar, dass Rettung nur von dieser Seite her kommen könne. 53 Tage lang, vom 21. Juli bis zum 12. September 1915, harrten mehr als viertausend Menschen auf dem Musa Dagh aus, bis ihre riesige weiße Fahne, auf die sie ein rotes Kreuz genäht hatten, von der Besatzung eines französischen Kriegsschiffs gesichtet wurde. Diese alarmierte weitere Schiffe und in einer raschen Rettungsaktion wurden die Armenier in die ägyptische Hafenstadt Port Said gebracht, wo sie in Flüchtlingslagern der Alliierten einquartiert wurden.

Nach dem Ende des Ersten Weltkrieges kehrten viele in ihre Dörfer zurück, denn die Region um den Musa Dagh, die Provinz Hatay, stand von 1920 bis 1939 unter französischem Mandat, die Armenier konnten sich dort also einigermaßen in Sicherheit fühlen. Dann aber wurde das Gebiet von der Türkei annektiert – und diesmal flüchteten die armenischen Siedler kampflos und endgültig.

Wieder führte der Weg durch die Flüchtlingslager und für viele in die Diaspora. 1946 aber, als im sowjetischen Armenien eine große, vom Staat geförderte Einwanderungswelle von Diaspora-Armeniern einsetzte, siedelten sich ein paar Dutzend Musa-Dagh-Familien in der Nähe von Jerewan an und nannten ihr Dorf »Musa Ler«.

»Auch in unserem Fall war das so«, erzählt Kamo Ter-Petrosyan. »Sowohl die Familie meines Vaters als auch die meiner Mutter kamen aus der Gegend um den Musa Dagh, meine beiden Großväter haben am Berg gekämpft und meine Mutter ist dort sogar zur Welt gekommen, im August 1915. Beide Familien sind aus Port Said wieder in die Heimat zurückgekehrt. 1936 haben meine Eltern geheiratet, drei Jahre später mussten sie nach Syrien flüchten. Mein Bruder ist in Aleppo geboren, ich aber schon hier, im November 1946, zwei Monate nachdem meine Familie nach

Armenien kam.« Trotzdem, so betont er, sei er ein echter »Musa Lerzi«, der Musa Dagh sei seine eigentliche Heimat.

Die starke ideelle Bindung zu jener Gegend, aus der die Eltern oder Großeltern flüchten mussten, ist typisch für jene Armenier, deren Familie aus den ehemaligen Siedlungsgebieten in Anatolien kommen. Es gibt nicht nur die Landsmannschaft Musa Ler, sondern auch jene von Van-Vaspurakan, jene von Idgir, einer nahe am Ararat gelegenen Kleinstadt, jene von Arapkir in Zentralanatolien, von Zeytun und Ajntap in Südanatolien und zahlreiche andere. Sie alle pflegen ihr Vereinsleben und alle haben ihre Gedenkfeste – von denen sicher das berühmteste jenes in Musa Ler ist. Alljährlich wird hier am dritten Septemberwochenende der Rettung vom Musa Dagh gedacht.

Das Fest beginnt am Samstagabend. Die Lagerfeuerromantik, die Musik und das Tanzen sind dabei aber nur Nebensache. Im Mittelpunkt steht die Zubereitung der traditionellen Festspeise: der *harisa*. Diese hat nichts mit der nordafrikanischen Chilipaste gleichen Namens zu tun, sondern ist ein Brei aus Schaffleisch und Weizengrütze. Am Sonntag, wenn der offizielle Teil des Festes stattfindet – mit einigem Zeremoniell, Ehrengästen aus dem In- und Ausland, vielen Ansprachen und einer Reihe von Folkloredarbietungen – soll jeder, der nach Musa Ler kommt, eine Schale *harisa* bekommen. Und da es oft bis zu fünftausend Menschen sind, ist die Kochstelle, die im Freien aufgebaut wird, auch entsprechend groß. Gleich in der Nähe des Festplatzes werden breite, flache Rinnen in den Boden gegraben, darin Brennholz angeordnet, darüber, auf einer Art Gerüst aus großen Steinblöcken und dicken Balken, an die hundert riesige Kessel platziert. In diesen köchelt der Eintopf die ganze Nacht vor sich hin, bis das Fleisch vollständig zerfallen ist. Die *harisa* muss während dieser Zeit immer wieder gut umgerührt werden – und daher kommt auch der Name des Gerichts: denn *hari sa* bedeutet »rühr das um«.

Das rote Glühen der Holzscheite, das aus dem Erdboden zu kommen scheint, die Hitze, die von der Kochstelle ausgeht, der Geruch der Haufen von rohem Fleisch, die nebenan, in einer Lagerhalle, von ein paar auf dem Boden hockenden Männern in kleine Stücke zerschnitten wird, das dumpfe Schlagen der Trommeln, die vielen Stimmen in der dunklen Nacht – all das schafft den Eindruck eines archaischen, rituellen Festes.

»Wollen Sie sich nicht auch unser Museum ansehen«, ruft mich Kamo Ter-Petrosyan in die Realität zurück. Wir gehen die paar Schritte hinüber, zum Wahrzeichen von Musa Ler, das mir schon von unten, von der Straße her, aufgefallen war. Es ist ein hohes, schmales Gebäude aus rotem Tuffstein, das wie die überdimensionale Zinne einer Burg wirkt. Weithin sichtbar symbolisiert es den Widerstandswillen der Menschen vom Musa Dagh. Das kleine Museum befindet sich in diesem Gebäude: ein einzelner Raum, in dem die Ereignisse vom Musa Dagh mit Fotos, Landkarten und diversen Schriftstücken dokumentiert sind. Dominiert aber wird der Raum von einer großen Büste gleich beim Eingang. Sie stellt den Schriftsteller

Franz Werfel dar. Gleich daneben eine große Vitrine, die mit Büchern gefüllt ist. Armenische, russische, deutsche, englische, französische, spanische und noch viele weitere Ausgaben eines Buches: des Romans »Die vierzig Tage des Musa Dagh« von Franz Werfel. Auch ein türkischsprachiges Exemplar ist dabei. »Franz Werfel wird von unserem ganzen Volk zutiefst verehrt«, sagt Kamo Ter-Petrosyan, »denn er hat der Welt von der Tragödie des armenischen Volkes erzählt.«

Tatsächlich hat Werfel, der die Ereignisse vom Musa Dagh in seinem 1933 erschienenen Roman detailgetreu darstellte, in Armenien fast den Status eines Nationalhelden – auch wenn er die dreiundfünfzig Tage des Kampfes am Musa Dagh auf vierzig verkürzte, um damit eine Verbindung zur Bibel herzustellen, in der die Zahl vierzig eine zentrale Rolle spielt: von den vierzig Tagen der Sintflut über die vierzig Tage, die Moses auf dem Berg Sinai verbringt, bis zur vierzig Jahre dauernden Wüstenwanderung des Volkes Israel und den vierzig Tagen, die Jesus in der Wüste verbrachte. Werfel wollte sein Buch auch als Warnung vor dem aufkommenden Nationalsozialismus verstanden wissen. Mit dem Schicksal der Armenier war er 1929 bei einem Aufenthalt in Damaskus konfrontiert worden: »Das Jammerbild verstümmelter und verhungerter Flüchtlingskinder, die in einer Teppichfabrik arbeiteten, gab den entscheidenden Anstoß«, vermerkt er in seinem Roman.

In Armenien gehören »Die vierzig Tage des Musa Dagh« zum Schullesestoff, jeder kennt den Namen Werfel, zahlreiche Straßen und Schulen sind nach dem Schriftsteller benannt. Ein besonderer Ehrenplatz aber ist Franz Werfel in der Genozid-Gedenkstätte in Jerewan gewidmet, die ich am Tag vor dem Musa-Ler-Fest besuchte.

Dominiert wird die großflächige Anlage oberhalb der Stadt von einer 44 Meter hohen Granitstele. Mit einem tiefen, vertikalen Spalt an der Basis und spitz nach oben hin verlaufend soll sie die Spaltung und teilweise Vernichtung, aber auch die Überlebenskraft des armenischen Volkes symbolisieren. Unweit der Stele, auf einem kreisförmigen, von zwölf großen, schwarzen Basaltblöcken abgeschirmten Platz brennt ein ewiges Feuer. Ein wenig davon entfernt befindet sich die Gedenkmauer, auf der eine Reihe von Namen eingraviert sind, unter anderem jener des französischen Schriftstellers Anatole France, der in zahlreichen Publikationen auf das Schicksal der Armenier aufmerksam gemacht hatte, jener von Henry Morgenthau, der 1915 US-Botschafter in der Türkei war und der durch Interventionen bei der türkischen Regierung versucht hatte, die Deportationen zu verhindern, jener des deutschen Pastors Johannes Lepsius, der 1916 eine detaillierte Dokumentation der Geschehnisse verfasste – und auch der Name Franz Werfel.

»Sie haben die Leiden der Armenier wahrgenommen, sie haben Mitleid gezeigt und sie haben versucht, die Weltöffentlichkeit aufzurütteln«, so Lavrenti Barseghyan. Der bullige Mittsechziger leitet das Genozid-Museum, das den Mittelpunkt der Gedenkstätte bildet. Die Geschehnisse des Jahres 1915 werden hier mit umfangreichem Text- und Bildmaterial dokumentiert: Augenzeugenberichte, Briefe, offizielle Schreiben und vor allem viele beklemmende zeitgenössische Fotos. Ein eigener Teil der Ausstellung ist den internationalen Reaktionen auf die armenische Tragödie gewidmet. In einer Reihe von Vitrinen sind jene Dokumente ausgestellt, mit denen die einzelnen Staaten und Städte die Ereignisse offiziell als Völkermord anerkennen.

Die Frage der Anerkennung des Geschehenen ist ein Thema, das in Armenien stets präsent ist. Denn das nationale Trauma des Massenmordes ist vor allem deshalb noch lange nicht bewältigt, weil die Armenier das Gefühl haben, dass die schrecklichen Ereignisse von der Weltöffentlichkeit bis heute zu einem großen Teil ignoriert werden – und vor allem, weil sie von offizieller türkischer Seite immer noch bestritten werden.

»Natürlich sind die heutige türkische Regierung und das türkische Volk für das Geschehene nicht verantwortlich. Aber sie sollten die Bereitschaft haben, so wie die Deutschen bei den Juden, sich bei unserem Volk zu entschuldigen. Denn dadurch könnten sie unsere Leiden ein wenig mildern«, erklärt Lavrenti Barseghyan – und er holt Werfels »Die vierzig Tage des Musa Dagh« aus seinem Bücherschrank, deutet auf eine Textstelle am Ende des dicken Bandes, im Nachwort: »Darum geht es uns, genauso wie es Werfel formuliert hat – ›das unfassbare Schicksal des armenischen Volkes dem Totenreich alles Geschehenen zu entreißen‹.«

## Am heiligsten Ort

Der Trubel ringsum kann die alte Frau in ihrer Andacht nicht stören. Bei einer der mächtigen Säulen kniend, in leicht gebeugter Haltung, den Kopf auf die gefalteten Hände gelegt, ist sie tief in ein Gebet versunken und scheint überhaupt nicht wahrzunehmen, dass in der gut besuchten Kathedrale reges Kommen und Gehen herrscht. Soeben schieben sich einige Jugendliche knapp an ihr vorbei, zum Altar hin, an dem gerade die Messe zelebriert wird, während ein Geistlicher mit ein paar Priesterseminaristen durch das Seitenschiff zum Ausgang eilt. Die straffe Aufstellung jener Touristengruppe, die sich erst kurz zuvor unter den Anweisungen des Reiseleiters einen Standort mit freier Sicht auf das liturgische Geschehen erkämpft hat, beginnt sich bereits wieder aufzulösen: Manche wollen noch weiter nach vorne, andere wieder nach draußen. Eine junge Mutter eilt ihrem kaum dem Krabbelalter entwachsenen Sprössling nach, der unter fröhlichem Gegluckse gerade dabei ist, in der Menge unterzutauchen. Am Verkaufsstand rechts vom Eingang ist reger Betrieb, denn fast jeder Kirchenbesucher will ein paar der honigfarbenen, langen und bleistiftdünnen Opferkerzen erstehen, um sie dann gleich in eines der hohen, tischartigen und mit Sand gefüllten Kerzenbecken zu stecken und zu entzünden. Ein älteres Ehepaar hat dabei offenbar unerwartet alte Bekannte getroffen und feiert nun das Wiedersehen mit großen Umarmungen und halblautem Geplauder. Gegenüber, an einer Säule, wieder ein ganz in sich versunkener Betender.

Die Predigtworte, die durch Lautsprecher verstärkt nicht nur im gesamten Kirchenraum, sondern auch draußen, auf dem Vorplatz zu hören sind, das Läuten der großen Glocken und der vielen kleinen Glöckchen, die – befestigt auf langen Stäben – während der Messe immer wieder angeschlagen werden, der Gesang des seitlich vom Altar platzierten Chores, die Gespräche, das Hallen der vielen Schritte auf dem Marmorboden – all das bildet eine vielschichtige akustische Kulisse für den Sonntagsgottesdienst in der Kathedrale von Edschmiatsin.

Die kleine Stadt, knapp zwanzig Kilometer westlich von Jerewan, ist das religiöse Zentrum Armeniens, eine Art Gegenstück zum Vatikan. Hier residiert das Oberhaupt der armenisch-apostolischen Kirche, der Katholikos aller Armenier. Seit 1999 hat Garegin II. dieses Amt inne. Er nimmt heute an der Messe teil – und umso erstaunlicher ist die ungezwungene Stimmung hier, am »heiligsten Ort Armeniens«. Edschmiatsin bedeutet so viel wie »Ort, wo der eingeborene Sohn zur Erde herabstieg«. Denn Christus selbst soll die Stelle bezeichnet haben, auf der später, irgendwann Ende des 5. Jahrhunderts, die Kirche – als älteste der vielen alten Kirchen des Landes – errichtet wurde.

Der Gottesdienst, der in *grabar*, einer alten Form des Armenischen, abgehalten wird, wirkt sehr ursprünglich. Die vielen verschiedenen rituellen Handlungen vermitteln den Eindruck uralter kultischer Zeremonien und man meint, hier noch etwas von der Unbefangenheit des Urchristentums zu spüren. Das mag kein Zufall sein, denn immerhin ist Armenien das älteste christliche Land der Welt: Schon im Jahr 301 – nach anderen Quellen 314, aber auf jeden Fall früher als überall sonst – wurde das Christentum zur Staatsreligion. Und man ging sehr bald einen eigenen Weg: Denn nach dem Konzil von Chalkedon im Jahr 451 trennte sich die armenische Kirche von der byzantinischen Reichskirche. Die Armenier lehnten die beim Konzil verabschiedete Lehrformel der dualen, gleichzeitig göttlichen und menschlichen, Natur Jesu Christi ab und schufen (wie auch die westsyrische, koptische und äthiopische Kirche) eine eigene Lehrtradition. Diese geht von einer vereinigten Natur Christi aus und wurde sowohl von der katholischen als auch von der orthodoxen Kirche bis ins späte 20. Jahrhundert als monophysitische Häresie verurteilt.

Der Gottesdienst, bei dessen Abschluss die Gläubigen das Abendmahl in beiderlei Gestalt empfangen, dauert lang, sehr lang: An die drei Stunden sind es, und in der Kathedrale von Edschmiatsin gibt es, wie in fast allen armenischen Kirchen, keine Sitzgelegenheiten. Verständlich also, dass viele der Gläubigen zwischendurch hinausgehen, um sich auf den Bänken auf dem Kirchenvorplatz ein wenig auszuruhen.

Auch Robert und ich halten nicht durch: Wir gehen ein wenig in der parkartigen Anlage rund um die Kathedrale spazieren und sehen uns die *chatschkare* an, jene hohen, rechteckigen Steinblöcke mit eingemeißeltem Kreuzmotiv, die entlang der Mauer, von der das Areal begrenzt wird, aufgestellt sind. Die *chatschkare,* wörtlich übersetzt »Kreuzsteine«, sind eine ganz spezifische Ausdrucksform armenischer Gläubigkeit – »in Stein gehauene Gebete«, sagt Robert. Im ganzen Land – an den Mauern der Kirchen und Klöster, auf Friedhöfen oder einfach irgendwo am Wegesrand – findet man Tausende dieser mit reichem Dekor verzierten, ein bis zwei Meter hohen Stelen, von denen keine der anderen gleicht. Typisch sind die filigranen Spitzenmuster, von denen das Kreuzsymbol, das stets im Zentrum steht, umrahmt ist. Die *chatschkare,* die ein wenig an die keltischen Kreuze in Irland erinnern, sind ein wesentliches Element der religiösen Identität der Armenier, und daher hat man auch einige der ältesten und kostbarsten Exemplare nach Edschmiatsin gebracht.

Der Gottesdienst ist zu Ende, entlang des Weges, der hinüber zur Residenz des Katholikos führt, beginnt heftiges Gedränge. Denn in wenigen Augenblicken wird hier Garegin II. mit seinem Gefolge vorbeikommen und jeder will ihn möglichst aus der Nähe sehen, viele halten einen Fotoapparat für ein Erinnerungsbild bereit.

Auch wir erkämpfen uns einen Platz mit guter Aussicht. In den letzten Tagen hatte Robert mehrmals telefonisch versucht, für mich einen Interviewtermin mit dem Kirchenoberhaupt zu vereinbaren, war dabei allerdings erfolglos geblieben. »Versuchen wir es auf dem direkten Weg«, meint er nun. »Wenn der Katholikos vorbeikommt, sprich ihn auf Deutsch an!« Darauf sollte er reagieren, denn immerhin hat Garegin II. in Wien und Bonn studiert und pflegt enge Kontakte zu Österreich und Deutschland.

Ich habe etwas Zeit, mir zu überlegen, was ich wohl zum ihm sagen soll, denn der Katholikos bleibt immer wieder stehen, spricht mit den Menschen, segnet sie, nimmt Bittbriefe entgegen. Dann legt er auch mir seine Hand segnend auf den Kopf. »Grüß Gott«, sage ich. Mehr ist mir nicht eingefallen. Aber: Es wirkt. Der Katholikos blickt ein wenig erstaunt auf, bleibt bei uns stehen, jetzt spricht Robert mit ihm, erklärt ihm unser Anliegen auf Armenisch. »Kommen Sie mit«, wendet sich Garegin II. in nahezu akzentfreiem Deutsch an mich, »in zehn Minuten habe ich Zeit für Sie.«

Wenig später werden wir in sein Arbeitszimmer geführt. Der Katholikos sitzt bereits an seinem wuchtigen Schreibtisch am Ende des großen, lang gestreckten Raumes. Aktenmappen, Manuskripte, Briefe und Bücher hat er vor sich liegen, einen dicht beschriebenen Terminkalender, Notizblöcke, Kugelschreiber und ein kleines Mobiltelefon – insgesamt ein Arrangement, das man spontan wohl eher einem viel beschäftigten Manager als einem Kirchenmann zuordnen würde. Tatsächlich wirkt der 1951 geborene Garegin II. überaus agil und weltoffen. Der nicht allzu große, ein wenig rundliche Mann mit grauen Haaren, grauem Vollbart und freundlichem Gesicht legt bereitwillig und ausführlich dar, worin er die Aufgabe der Kirche in Armenien sieht: »In unserem Land, das siebzig Jahre atheistischer Ideologie hinter sich hat, ist eine Art Rechristianisierung notwendig, denn leider sind viele der über Generationen vererbten, national-kirchlichen Traditionen in Vergessenheit geraten«, betont er. Daneben aber sei es eine wichtige Aufgabe der Kirche, gerade in der gegenwärtigen schwierigen Situation des Landes den Demokratisierungsprozess aktiv zu unterstützen: »Das können wir tun, indem wir Wissen und Kenntnisse vermitteln.« Daher erhalten die angehenden Priester im Seminar von Edschmiatsin nicht nur eine gründliche theologische Ausbildung, sondern sie haben auch ein Zusatzstudium zu absolvieren, das in Zusammenarbeit mit anderen – auch ausländischen – Universitäten organisiert wird: von Rechtswissenschaft über Management und Betriebswissenschaft bis zur Bautechnik. »Damit können sie dann draußen, in den Gemeinden, wo es an Fachleuten fehlt, nützliche Dienste leisten, sie können ihr Wissen weitergeben und dabei helfen, die notwendigen Strukturen aufzubauen.« Weltoffenheit auf der Basis biblischer Grundsätze, das fordere er von den jungen Priestern, so der Katholikos.

Einen nach Garegins Prinzipien ausgebildeten Geistlichen hatte ich bei einem Ausflug zu den beiden Klöstern Haghbat und Sanahin (beide übrigens sehenswerte Unesco-Weltkulturerbe-Stätten) getroffen. Er hatte mir erzählt, dass in den von ihm betreuten Gemeinden im Norden des Landes bis vor ein paar Jahren nur die ganz alten Leute, »die noch aus der vorstalinistischen Ära kommen«, gewusst hätten, wie man bete, welche kirchlichen Zeremonien und Feste es gebe, was überhaupt der Inhalt des christlichen Glaubens sei. Da sei ziemliche Erziehungsarbeit zu leisten gewesen, die Kirchengemeinden mussten ganz neu aufgebaut werden – und dabei habe es sehr geholfen, dass der Katholikos, wie der junge

Mann erzählt, »mich an die amerikanische Universität in Jerewan zum Managementstudium geschickt hatte«. Denn bald merkten die Leute, dass der Priester nicht nur in religiösen Fragen Bescheid wusste, sondern dass er ihnen auch helfen konnte, sich im noch so ungewohnten, neuen demokratischen Leben zurechtzufinden – ob es nun darum geht, neue Vertriebsstrukturen für die Produkte der Gegend aufzubauen, ein Geschäft zu eröffnen, einen Verein zu gründen oder einfach nützliche Informationen aus dem Internet zu holen (»Natürlich haben wir auch Computerkurse gemacht«, so der junge Mann).

Die Kirche ist seit jeher einer der zentralen Faktoren der armenischen Gesellschaft. Für die Armenier, die über Hunderte von Jahren keinen eigenen Staat hatten und in einem vorwiegend nichtchristlichen Umfeld lebten, war sie das einzige verbindende Element. Die Institution der Kirche trat an die Stelle der nicht vorhandenen staatlichen Einheit. Sie formulierte die Regeln und Normen der Gesellschaft und wurde zum Träger der nationalen und kulturellen Identität. Armenier sein, bedeutet Christ zu sein. Die nationale Zugehörigkeit wird ausschließlich – und eindeutig – über die Religion definiert. Sprache und Schrift – auf deren Bedeutung für die armenische Identität oft verwiesen wird – können aufgegeben, vergessen, gar nie gelernt werden, und dennoch bleibt man Armenier; wer sich aber vom Christentum abwendet, in eine andere Religionsgemeinschaft eintritt, verliert seine nationale und kulturelle Identität.

Noch stärker als für das Gebiet der heutigen

Republik Armenien, die stets zum überwiegenden Teil von Armeniern besiedelt war, galt – und gilt – dies für die Armenier in der Diaspora, vor allem für jene, die als Minoritäten in einem islamischen Umfeld leben. Trotz Anpassungsdrucks, trotz oft schwerer Diskriminierungen hat es – bis auf einzelne Ausnahmefälle – nie Konversionen gegeben. Die Sprache wurde sehr wohl gewechselt, nicht aber der Glaube.

In Wien hatte mir ein aus Syrien stammender Armenier erzählt, dass in seiner kleinen Heimatgemeinde die Begriffe »Armenier« und »Christ« Synonyme gewesen seien. Wenn also ein Armenier sagte: »Ich habe heute einen Christen getroffen«, dann konnte es sich dabei nur um einen Armenier handeln. Einmal, so hatte mir mein Bekannter berichtet, sei einer seiner Landsleute nach Wien gekommen und habe, mit Verweis auf die vielen Kirchen der Stadt, zufrieden konstatiert: »Hier sind alle Leute Armenier.«

Nach dem Gespräch mit dem Katholikos – den sein Mobiltelefon schon bald zu anderen Terminen ruft – schlägt Robert vor, nach Chor Virap zu fahren, »dorthin, wo alles begonnen hat«. Chor Virap ist eine Klosteranlage südöstlich von Jerewan, direkt an der Grenze zur Türkei. Rund vierzig Minuten dauert die Autofahrt von Edschmiatsin hierher, die malerisch auf einer Anhöhe gelegene Kirche ist weithin sichtbar.

Rund um den Klosterhügel herrscht an diesem Sonntag, wie an jedem Wochenende, fast jahrmarktartiges Treiben. Schon auf dem Parkplatz bieten uns Straßenhändler wortreich ihre Waren an: Süßigkeiten, Getränke, Ansichtskarten, Kettchen, Kreuze und vieles mehr. Neben dem Weg hinauf zum Kloster führen Seiltänzer und Jongleure ihre Künste vor, zwei *Zurna*-Bläser sorgen für die musikalische Begleitung. Sie alle hoffen auf ein gutes Geschäft – ist doch Chor Virap ein beliebtes, viel besuchtes Ausflugsziel. Und dies nicht nur, weil der Ararat hier zum Greifen nah zu sein scheint.

Der Name Chor Virap bedeutet eigentlich »tiefe Grube« – und diese ist auch die Hauptsehenswürdigkeit des Klosters. Über schmale, steile und ein wenig wackelige Leitern steigen wir nach unten, in einen engen, niedrigen Raum: ein düsteres, beklemmendes Verlies – aber auch eine Wallfahrtsstätte. Erhellt wird der Raum durch den Schein Dutzender Opferkerzen, an die schmiedeeisernen Beine des Kerzenbeckens sind zahllose kleine Tücher und bunte Stoffstreifen gebunden. Auf diese Weise haben die Pilger hier ihre Wünsche festgemacht in der Hoffnung auf die Hilfe jenes Mannes, der vor mehr als 1700 Jahren hier eingekerkert war: Grigor – ein Christ, der sich trotz des Befehls des armenischen Königs Trdat weigerte, einer heidnischen Göttin zu opfern. Trdat, ein brutaler Christenverfolger, ließ Grigor ins Gefängnis werfen, in die »tiefe Grube«. Jahrelang musste der standhafte Gläubige dort ausharren, bis der König eines Tages schwer krank wurde und auf den Rat seiner Schwester Grigor holen ließ. Dieser heilte Trdat durch ein Gebet – ein Wunder, das die Bekehrung des Königs zum Christentum bewirkte. Trdat ließ sich taufen und verfügte das Christentum als Staatsreligion.

Die Details der Legende sind kaum nachweisbar, Tatsache aber ist, dass die Armenier zu Beginn des 4. Jahrhunderts, während der Regierungszeit von König Trdat, das Christentum annahmen und damit zum ersten christlichen Staatsvolk der Welt wurden. Tatsache ist auch, dass Grigor Lusaworitsch, Gregor der Erleuchter, der erste Katholikos der armenischen Kirche war. Über der tiefen Grube, in der er eingekerkert gewesen war, wurde später das Kloster Chor Virap erbaut.

Wir klettern wieder nach oben, heraus aus der tiefen Grube. Robert macht mich auf einen großen, blutbefleckten Steinblock aufmerksam. »Hier werden Tiere geopfert. Jene Hühner und Schafe, die von den Straßenhändlern dort unten verkauft werden. Man stopft ihnen geweihtes Salz in den Schnabel oder ins Maul, dann werden sie auf dem Stein geschlachtet und in Wasser gekocht. Das Opfer ist aber nur dann gültig, wenn die gekochten Fleischstücke an Vorbeikommende verteilt werden. Auf keinen Fall darf man sie selbst essen.«

Als wir wieder zurück zum Parkplatz gehen, hält mir einer der Händler eine Taube entgegen. Erschrocken lehne ich ab: »Nein! Ich will sie nicht, ich will sie nicht schlachten!« »Das musst du auch nicht«, beruhigt mich Robert. »Aber wir kaufen sie, das bringt Glück. Dann kannst du mit ihr machen, was du willst«. Schon habe ich das sichtlich verängstigte Tier in den Händen. »Ich hoffe, du bringst nicht nur mir, sondern auch dir Glück«, flüstere ich ihr zu, bevor ich sie freilasse und sie davonfliegt.

## Radio Jerewan antwortet nicht

»Anfrage an Radio Jerewan: Was ist der Kapitalismus? – Antwort von Radio Jerewan: Die Ausbeutung des Menschen durch den Menschen. – Zusatzfrage: Was ist der Kommunismus? – Antwort von Radio Jerewan: Da ist es genau umgekehrt.«

Ja, das ist ein typischer Radio-Jerewan-Witz, bestätigt Armen Amiryan. Er muss es wissen, ist er doch ein echter Medienprofi: Seit 1984 – damals war er knapp achtzehn Jahre alt – gestaltet er Programme für das staatliche Radio, schon zu UdSSR-Zeiten war er Fernsehmoderator und Nachrichtensprecher, seit 1997 ist er Generaldirektor von *Hajastani Asgajin Radio*, des Armenischen Nationalen Radios.

Zu Sowjetzeiten seien, erklärt Amiryan, die Radio-Jerewan-Witze in aller Munde gewesen. Sie waren ein Ventil, über das die Menschen ein wenig von jenem Unmut ablassen konnten, der sich in ihnen aufgrund der vielen Schwierigkeiten und Unzulänglichkeiten des kommunistischen Alltags aufgestaut hatte. Entstanden im Untergrund, Ausdruck der Opposition. »Radio Jerewan« war dabei nur ein Symbol. In der Realität waren weder derartige Anfragen und Antworten denkbar, noch waren die Witze je im Radio zu hören gewesen.

»Anfrage an Radio Jerewan: Werden Radio-Jerewan-Witze auch honoriert? – Antwort von Radio Jerewan: Selbstverständlich. Mit einem Jahr bis lebenslänglich.«

Das formale Schema der Witze war immer

gleich: Auf eine »Anfrage an Radio Jerewan« folgte eine pointierte, die Anfrage oft subtil ironisierende oder konterkarierende »Antwort von Radio Jerewan«, die sehr oft mit der Floskel »Im Prinzip ja, aber …« eingeleitet wird.

»Anfrage an Radio Jerewan: Stimmt es, dass in den USA jeder Einwohner ein Auto hat? – Antwort von Radio Jerewan: Im Prinzip ja, aber dafür hat bei uns jeder einen Parkplatz.«

Zwar seien die klassischen Radio-Jerewan-Witze mit ihrer Kommunismus-Kritik aufgrund der politischen Entwicklung kaum mehr aktuell, an ihrer Popularität aber habe sich wenig geändert, meint Armen Amiryan. Häufig werde er, als Radiodirektor, darauf angesprochen, tagtäglich ließen sich Touristen vor dem Jerewaner Rundfunkgebäude – von dem immer noch ein roter Stern mit Hammer und Sichel prangt – fotografieren. »Vor allem im früheren Ostblock haben die Radio-Jerewan-Witze weiterhin einen besonderen Stellenwert. So etwa war ich Ende der neunziger Jahre in Wien und wollte von dort weiter nach Bratislava fahren, hatte aber kein Visum. Ich ging in die slowakische Botschaft, wo man mir sagte, dass da nichts zu machen sei, ich hätte das Visum in Moskau beantragen müssen, Ausnahmen könne man keine machen. Als ich dem Beamten aber meine Visitenkarte gab und er sah, dass ich armenischer Radiodirektor bin, begann er sofort, Radio-Jerewan-Witze zu erzählen. Ich wusste einige, die er nicht kannte – und während wir uns so unterhielten, stellte er mir das Visum aus.«

Mir will Armen Amiryan keine Radio-Jerewan-Witze erzählen. »Die klassischen kennen Sie, wie ich gemerkt habe, ohnehin.« Ob es denn überhaupt keine neuen Witze gebe, insistiere ich. »Ja, doch.« In denen gehe es natürlich um die aktuellen Verhältnisse, aber diese Witze, nein, die wolle er nicht erzählen. Der kräftig gebaute Radiodirektor blockt ab. Freundlich, aber bestimmt.

Überaus kooperativ ist er, wenn es um die Erklärung der Genese der Witze geht. Die ersten entstanden in den frühen sechziger Jahren, als in der Post-Stalin-Ära der politische Druck einerseits so weit nachgelassen hatte, dass Witzeerzählen nicht gleich lebensgefährlich war, andererseits aber doch noch so stark war, um dieses Ventil notwendig zu machen. Woher die Radio-Jerewan-Witze kamen, ist unklar, ziemlich sicher aber ist, dass sie nicht aus Armenien stammen. »Besucher aus anderen Sowjetrepubliken, die nach Jerewan kamen, kannten viel mehr Radio-Jerewan-Witze als die Leute hier, sie brachten sie überhaupt erst hierher«, berichtet nicht nur Armen Amiryan, sondern das bestätigen alle Armenier, die man auf die Witze anspricht.

Einig sind sich auch alle darin, dass es kein Zufall sei, dass die Witze in Armenien angesiedelt wurden: »Die Armenier haben das Image, schlagfertig und gewitzt zu sein, und vor allem haben sie die Fähigkeit, sich auch in den schwierigsten Situationen zu behaupten«, meint Armen Amiryan.

»Anfrage an Radio Jerewan: Stimmt es, dass die Armenier mehr Humor haben als andere Völker? – Antwort von Radio Jerewan: Im Prinzip ja, aber wir haben ihn auch bitter nötig.«

## Eine Oase des freien Denkens

»In Armenien war viel mehr möglich als anderswo. Spätestens ab den siebziger Jahren war es sicher die aufgeschlossenste und liberalste Republik des gesamten Sowjetblocks. 1972 wurde in Jerewan das erste und lange Zeit einzige Museum moderner Kunst in der Sowjetunion gegründet, die Stadt wurde innerhalb der UdSSR zum Zentrum der alternativen Kunst, aber auch der Hippie-Bewegung und der Rockmusik. Armenien war eine Art Oase, in der freies Denken erlaubt war – zumindest mehr als sonst wo.«

Ruben Arevshatyan hat sich intensiv mit der kulturellen Entwicklung Armeniens in den letzten Jahrzehnten auseinander gesetzt. Der 38-jährige Bildhauer ist künstlerischer Leiter des Jerewaner Hay-Art-Kulturzentrums. Das von einigen Künstlern verwaltete Zentrum, das mit einer Subvention der Stadt – »2003 waren es rund zweihundert Euro pro Monat« – und kleineren Beiträgen von privaten Sponsoren »mühsam und immer wieder mit großen Schwierigkeiten« über die Runden kommt, ist der Treffpunkt der zeitgenössischen bildenden Kunst Armeniens. Untergebracht ist das Hay-Art-Kulturzentrum in einem auffallenden, aus mehreren zylindrischen Elementen bestehenden Gebäude – den so genannten »Fässern« – am Maschtotz-Boulevard. Für Arevshatyan ist der in den frühen achtziger Jahren errichtete Betonbau »eine der letzten Manifestationen sowjetisch-modernistischer Architektur in Armenien«.

Eigentlich war das Gebäude als Erweiterung des dahinter liegenden Museums moderner Kunst geplant gewesen – »der Direktor wollte es aber nicht, weil es sehr viele Mängel hat. Es gibt keine Heizung, keine Isolierung, nicht einmal Toiletten sind vorhanden. Der Architekt soll auf eine diesbezügliche Kritik gemeint haben: Die Leute kommen hierher, um Bilder anzusehen, nicht um sich aufzuwärmen und auf die Toilette zu gehen«, erzählt Ruben Arevshatyan. Die defekten »Fässer« blieben leer und wurden nach und nach von der jungen, alternativen Szene okkupiert, für die sie ein idealer Schauplatz für alle Arten von künstlerischen Experimenten waren. »Sogar aus Moskau kamen seit Mitte der achtziger Jahre die Avantgardisten hierher, weil sie hier frei arbeiten konnten.«

Als 1997 die Schließung des Gebäudes zur Diskussion stand, kam es zu heftigen Protesten von Seiten der Künstler. Vermutlich sei es nicht so sehr die Liebe zur modernen Kunst gewesen, die dazu führte, dass die Stadtverwaltung schließlich der Gründung des Hay-Art-Kulturzentrums zustimmte, meint Arveshatyan. In der ohnehin schwierigen post-sowjetischen Übergangszeit wollte man vermutlich Konflikte vermeiden. »Außerdem ist es kennzeichnend für die armenische Gesellschaft, dass sie einerseits sehr konservativ und traditionsbewusst ist, andererseits aber viel zulässt, dem Einzelnen ein großes Maß an individueller Freiheit zugesteht. Gerade in der Haltung gegenüber der modernen Kunst ist das immer wieder zu bemerken.«

In Armenien konnte sich in den letzten Jahrzehnten eine Kunstszene entwickeln, die wesentlich avancierter ist als jene in anderen Teilen der ehemaligen Sowjetunion und die auch im internationalen Kontext Beachtung findet. »In der UdSSR hatte die Devise gelautet: Kunst hat national in der Form und sozialistisch im Inhalt zu sein. In Armenien aber wurde das ›sozialistisch‹ schon sehr früh in ›modernistisch‹ umgewandelt. Möglich war dies unter anderem deshalb, weil sich Armenien an der Peripherie des Sowjetimperiums befand, weit weg vom Zentrum der Macht und der Kontrolle«, erklärt Ruben Arevshatyan.

Die Randlage sei aber nicht der einzige Grund dafür gewesen, dass in der kleinen Kaukasusrepublik auch zu Sowjetzeiten aktuelle internationale Trends und Tendenzen aufgenommen wurden. »Armenien hatte innerhalb der Sowjetunion vermutlich die besten Kontakte nach draußen, in den Westen. Das ist eines der Phänomene jener Zeit, denn die Sowjetunion war doch ein nach außen hin abgeriegelter Staat. Die Armenier haben aber immer einen Weg gefunden, die Beziehungen aufrechtzuerhalten. Das lag natürlich auch daran, dass es die große Diaspora gibt. Über sie kamen Informationen ins Land, und auch die Künstler erfuhren auf diese Weise, was draußen aktuell war.«

Wesentlichen Einfluss auf die kulturelle und gesellschaftliche Entwicklung des Landes in der zweiten Hälfte des 20. Jahrhunderts hätten, so Arevshatyan, jene Diaspora-Armenier gehabt, die in den Jahren nach dem Zweiten Weltkrieg nach Armenien gekommen waren.

1946 hatte die Regierung Sowjetarmeniens im Rahmen einer großen Kampagne an armenische

Diasporagemeinden Einladungen zur Ansiedlung in Armenien geschickt. Dem Zweiten Weltkrieg waren mehr als eine Viertelmillion sowjetarmenischer Soldaten zum Opfer gefallen, womit das kleine Land einen sehr hohen Blutzoll zu entrichten gehabt hatte. Nun herrschte dringender Bedarf an Arbeitskräften.

Vor allem bei Überlebenden des Genozids in der Türkei und ihren Familien stieß die Kampagne auf positives Echo: Diese Menschen hatten meist noch keine feste Bindung zu ihrem neuen Wohnort, sie fühlten sich entwurzelt, hatten ihre Heimat verloren und nahmen daher, wie von Zeitzeugen vielfach berichtet wird, den »Ruf der Heimat der Vorväter« mit Begeisterung auf. Rund achtzigtausend Menschen siedelten sich 1946/47 in Armenien an. Für viele von ihnen folgte sehr bald eine große Enttäuschung, hatten sie doch keine realistischen Vorstellungen von den Lebensbedingungen im Sowjetstaat gehabt und – in ihrem Aufbauenthusiasmus – nicht damit gerechnet, dass ihr Besitz von der Regierung konfisziert werden würde.

Der Soziologe Gevorg Poghosyan berichtet in einer seiner Migrationsstudien von einer Familie, die 1946 nach Armenien gekommen war und – wissend um die sowjetische Zensur – mit den in der Diaspora verbliebenen Verwandten und Freunden vereinbart hatte, verschlüsselte Informationen über die Situation in Form von Familienfotos zu übermitteln. Wenn auf dem Bild alle Mitglieder der Familie in stehender Position zu sehen seien, sollte dies bedeuten, dass die Situation sehr gut sei, je mehr von ihnen auf einem Stuhl sitzen würden, desto schlechter sei die Lage. Auf den Fotos, die schließlich in der Diaspora ankamen, sah man alle Familienmitglieder auf dem Fußboden liegen.

Die frustrierten, in ihren Hoffnungen und Ambitionen enttäuschten Einwanderer bildeten ein starkes kritisches Potential, erläutert Ruben Arevshatyan. Sie hatten wesentlichen Anteil am Entstehen jener nationalistischen Bewegung, die Mitte der sechziger Jahre ganz Armenien erfasste und die auch dazu führte, dass Moskau den Armenier-Genozid anerkannte. Zuvor war das Thema in der Sowjetunion tabu gewesen, das Wissen um die Geschehnisse in der Türkei des Jahres 1915 wurde nur in den Familien weitergegeben, öffentlich durfte darüber nicht gesprochen werden. 1965 gab Moskau die Erlaubnis, in Jerewan eine Genozid-Gedenkstätte zu errichten.

Dies sei, so Arevshatyan, ein starkes Signal gewesen, das auch den weiteren Liberalisierungsprozess in Armenien in Gang setzte. »Auch als in den achtziger Jahren die Perestroika begann, zeigte sich, dass von denjenigen, die sich in Armenien schon sehr früh für Reformen einsetzten, sehr viele aus Familien stammten, die 1946/47 nach Armenien gekommen waren.«

Die Diaspora ist für das Land, seit es unabhängig ist, vermutlich von noch größerer Bedeutung als zuvor, auch im Bereich des – sehr vielfältigen – kulturellen Lebens. Der Betrieb zahlreicher Institutionen, wie etwa des Armenischen Philharmonischen Orchesters, wird zu einem großen Teil von Sponsoren aus der Diaspora finanziert. 1992 gründete die armenischstämmige New Yorker

Künstlerin Sonia Balassanian in Jerewan das »Armenian Center for Contemporary Experimental Art« (ACCEA), 1995 initiierte und kuratierte sie die erstmalige Teilnahme Armeniens an der Biennale in Venedig und auch bei den fünf folgenden Biennalen war sie die Kuratorin des armenischen Beitrags. Das ACCEA befindet sich in einem neuen Gebäude mitten im Stadtzentrum, für die regelmäßig organisierten Ausstellungen (einer der Schwerpunkte dabei ist Videokunst) stehen mehrere Räume zur Verfügung, alle mit moderner Technologie ausgestattet, multifunktionell – und ganz anders als die kreativen Provisorien im Hay-Art-Kulturzentrum.

Noch um vieles mehr gestylt als das ACCEA wird vermutlich das Cafesjian Museum für zeitgenössische Kunst ausfallen, das an einem der teuersten Bauplätze der Innenstadt, nämlich an der großen Treppenanlage Kaskade, errichtet und 2006 eröffnet werden soll. Finanzier ist die Cafesjian Museum Foundation. Deren Gründer, der US-amerikanische Tycoon Gerard L. Cafesjian, geboren 1925 in New York als Sohn von armenischen Emigranten aus der Türkei, besitzt eine große Sammlung an Werken der klassischen internationalen Moderne – von Braque und Chagall bis Vasarely und Warhol. Die Cafesjian Collection soll das Kernstück des Museums bilden, ergänzt um Präsentationen armenischer Moderne und internationale Wanderausstellungen.

Zwar ist das Museum noch in Planung, ein erstes Exponat aber wurde bereits nach Jerewan gebracht: Das untere Ende der Kaskade wird seit Mai 2003 von einer großen, schwarzen Katzenskulptur von Fernando Botero bewacht – ein weiteres Monumentalobjekt im großen Skulpturengarten Jerewan.

»Es ist unsere Pflicht als Diaspora, Armenien zu helfen«, wird Gerard L. Cafesjian auf der Homepage seiner Museum Foundation zitiert – eine Meinung, die von vielen Diaspora-Armeniern geteilt wird. Insgesamt leben wesentlich mehr Armenier außerhalb des Landes als in Armenien: liegt die Einwohnerzahl der Republik derzeit bei rund drei Millionen, so wird die Größe der weltweiten armenischen Diaspora auf sieben bis acht Millionen Menschen geschätzt. Seit das Land 1991 unabhängig wurde, nehmen in Armenien das Engagement und die Aktivitäten von Diaspora-Angehörigen kontinuierlich zu. Ohne diese Unterstützung von außen wären die Lebensbedingungen vermutlich wesentlich schlechter – darin sind sich alle einig. Organisationen von Auslandsarmeniern leisten einiges an humanitärer Hilfe, der Aufbau des Landes wird zu einem beträchtlichen Teil mit Geldern aus der Diaspora finanziert.

Seit sich vermehrt Auslandsarmenier in Jerewan niederlassen und hier in Unternehmen investieren, wurde das Wirtschaftsleben der Stadt merklich belebt – allerdings gibt es diesbezüglich auch Stimmen, die von einer drohenden »Ausbeutung von Armeniern durch Armenier« sprechen, von der Gefahr, dass man im eigenen Land zur »billigen Arbeitskraft« und zum »Menschen zweiter Klasse« degradiert werde.

Ruben Arevshatyan sieht es weniger krass. Wenn es ein Problem gibt, meint er, so besteht es darin, dass Diaspora-Armenier oft sehr detaillierte Vorstellungen von dem haben, was ihrer Meinung nach »Armenien« und »armenisch« sei – Vorstellungen, die allerdings bisweilen wenig mit der Realität zu tun haben. Besonders deutlich werde dies, erzählt er, wenn man im Ausland mit Armeniern spreche, die noch nie in Armenien gewesen seien. Ihr Armenien-Bild sei klischeehaft und stark idealisiert, zusammengesetzt aus Bildelementen, die bald hundert Jahre alt sind: »Sie kennen das Land ja nur aus den Erzählungen ihrer Großeltern, und in vielen Fällen haben auch diese Armenien gar nicht gekannt, weil sie aus den armenischen Gebieten in der Türkei stammten, von dort geflüchtet sind. Es ist also das Bild eines Landes und einer Gesellschaft, die es nicht gibt und auch nie gegeben hat.«

Zu Sowjetzeiten, so Arevshatyan, habe, überspitzt gesagt, die Vorstellung vieler Diaspora-Armenier so ausgesehen, dass Armenien ein Paradies sei, ein Land, in dem alles wunderbar sei, das aber von bösen Mächten okkupiert werde. Es brauche jedoch nur befreit zu werden, dann würden sich die paradiesischen Zustände sofort wieder einstellen.

Solche Vorstellungen mussten dann, nach dem Zerfall der Sowjetunion, zu manch bitterer Enttäuschung führen – und zwar auf beiden Seiten: die einen fanden nicht das erträumte »Paradies«, sondern ein verarmtes Land, dem die Schwierigkeiten und Unzulänglichkeiten der postsowjetischen Übergangsphase schwer zusetzten; die anderen hatten bisweilen das Gefühl, dass jene Mühen, unter denen sie armenische Kultur und armenische Traditionen auch zu Sowjetzeiten bewahrt hatten, nicht anerkannt würden.

»Das Problem besteht darin«, sagte mir eine meiner Jerewaner Bekannten, »dass Diaspora-Armenier, wenn sie hierher kommen, uns oft das Gefühl vermitteln, sie seien die besseren Armenier.«

Sie ist es auch, die mich auf die Cafesjian-Website aufmerksam macht: »Cafesjian tut viel für unser Land, keine Frage. Er unterstützt auch Sozialprojekte, hilft in verschiedensten Bereichen. Aber es ist symptomatisch, dass sein geplantes Museum als ›symbol of a people's rebirth‹ – Symbol für die Wiedergeburt eines Volkes – bezeichnet wird. Wer soll da wiedergeboren werden? Wir sind ja hier, waren es die ganze Zeit.«

Ruben Arevshatyan illustriert das Problem mit einer Anekdote: »Vor einigen Jahren, als ich eine Zeit lang in New York war, besuchte ich eine armenische Bekannte, die aber noch nie in Armenien gewesen war. Wir sprachen natürlich über das Land, über die Vorstellungen, die sie davon hatte, und dann holte sie eine Flasche hervor, stellte sie vor mich auf den Tisch. ›Weißt du, was das ist?‹, fragte sie. ›Natürlich‹, antwortete ich, ›das ist eine Flasche mit Mineralwasser aus Dschermuk. In Armenien wird es in jedem Laden verkauft, ich trinke es jeden Tag.‹ Darauf sie: ›Für dich ist es also etwas ganz Alltägliches, für mich aber ist es die größte Enttäuschung meines Lebens.‹ ›Wieso?‹, wollte ich wissen. ›Meine Eltern und Großeltern erzählten mir immer, dass es in Armenien, in Dschermuk, eine Quelle gebe, aus der das beste Wasser der Welt fließe. Es schmecke wunderbar, es sei mit nichts vergleichbar, vor allem nicht mit den, wie sie sagten, scheußlichen Wassern, die man in den USA bekommt. Jahrelang träumte ich davon, einmal von diesem Wasser zu trinken. Dann fuhr ein Bekannter nach Armenien und brachte mir diese Flasche mit. Ganz feierlich habe ich sie geöffnet, kostete das Wasser – und es schmeckte mir überhaupt nicht. Es schmeckte scheußlich, so wie eben europäisches Mineralwasser. Überhaupt nicht mit unserem vergleichbar!‹«

Typisch, so Arevshatyan, sei der – wohl nicht ganz ernst gemeinte – Nachsatz seiner Bekannten gewesen: »Was habt ihr bloß aus diesem wunderbaren Wasser gemacht?«

## »Gjumri stellt eine Art Nullpunkt dar«

»Es war um die Mittagszeit, wir saßen gerade beim Esstisch. Plötzlich begann das ganze Zimmer zu schwanken. Mein Mann schrie: ›Das ist ein Erdbeben, wir müssen raus aus dem Haus.‹ Wir packten unsere beiden kleinen Kinder, wollten hinauslaufen, aber in diesem Moment stürzte alles über uns zusammen.«

Auch wenn mittlerweile mehr als fünfzehn Jahre vergangen sind, kann Armine nur unter Tränen von der Katastrophe des 7. Dezember 1988 berichten. An jenem Tag wurde der Nordwesten Armeniens von einem schweren Erdbeben erschüttert, das nicht nur Armines Leben, sondern das ganze Land schlagartig veränderte. Fast 25.000 Menschen kamen ums Leben, Dutzende Siedlungen und vor allem auch Gjumri, damals die zweitgrößte Stadt des Landes, waren großteils dem Erdboden gleichgemacht, mehr als fünfhunderttausend Menschen (und damit fast ein Sechstel der Gesamtbevölkerung) wurden obdachlos.

Armine und ihre Familie kamen relativ glimpflich davon. Sie gehörten zu den rund 15.000 Menschen, die lebend aus den Trümmern geborgen werden konnten. Armine hatte es schlimmer getroffen als ihren Mann und die beiden Kinder: ihre Lunge hatte einen Schaden abbekommen, Becken und Beine waren gebrochen, es dauerte lange, bis sie wieder einigermaßen hergestellt war. »Wir hatten Glück gehabt«, erzählt die 37-jährige Lehrerin. »Unsere Wohnung befand sich im Zentrum von Gjumri, in einem vierstöckigen Haus. Die Bergungsarbeiten waren dort nicht so schwierig. Die Menschen in den hohen Plattenbauten, weiter draußen, aber hatten meist keine Chance.«

Die schlimmste Erinnerung sei für sie jene an den Tag, an dem sie, nach dem Spitalsaufenthalt in Jerewan, wieder nach Gjumri zurückkehrte: »Die Stadt war nicht wiederzuerkennen. Überall nur Trümmer, alles war kaputt. Auch von unserem Haus, unserer Wohnung, war nichts mehr übrig. Wir hatten alles verloren.«

Am Stadtrand wurden gleich nach dem Erdbeben Notunterkünfte in Containern und Wellblechbaracken eingerichtet – eine dringend notwendige Maßnahme, denn der Winter im Norden Armeniens ist eisig kalt, Temperaturen bis zu minus dreißig Grad sind keine Seltenheit. So wie viele tausend andere Erdbebenopfer bekamen auch Armine und ihre Familie dort eine Bleibe zugewiesen – nur für die erste Zeit, wie es hieß, bis die Häuser wiederaufgebaut seien.

Die Baracken- und Containersiedlungen gibt es immer noch. Sie sind das Erste, was einem in Gjumri auffällt, wenn man auf der Schnellstraße vom rund 120 Kilometer entfernten Jerewan hierher kommt. Mittlerweile scheinen sich die Menschen damit abgefunden zu haben, dass die ehemaligen Behelfsquartiere zu ihrem ständigen Zuhause wurden. Zwischen den Hütten und Containern haben sie kleine Gärten angelegt, Beete mit Blumen und Gemüse bepflanzt und auf den Dächern Fernsehantennen installiert, auf einer etwas größeren freien Fläche sind Fußballtore aufgestellt, in einigen der Baracken und Container kleine Geschäfte und Handwerksläden eingerichtet. Laut einem Bericht der armenischen Nachrichtenagentur *Armenpress* vom September 2003 leben in der Erdbebenregion immer noch an die zwölftausend Familien in Notunterkünften.

Armine aber wohnt nicht mehr in Gjumri: »Nach dem Erdbeben hofften wir natürlich, hier, in unserer Heimatstadt, wieder eine Wohnung zu bekommen. Aber von Seiten der zuständigen Behörde teilte man uns mit, dass wir keinen Anspruch darauf hätten, weil es in unserer Familie zu wenig, wie es hieß, erdbebenbedingte Tote oder Schwerverletzte gebe.« Das sei, meint Armine, gar nicht so zynisch gemeint gewesen, wie es vielleicht klingt. Denn mit dem Wiederaufbau ging es viel langsamer voran, als man gedacht hatte, auf jede einzelne neue Wohnung kamen Tausende Obdachlose und da sei es nur gerecht gewesen, dass jene, die durch das Erdbeben am meisten gelitten hatten, als erste eine Unterkunft bekommen sollten.

»Für uns aber gab es in Gjumri nichts mehr: keine Aussicht auf eine Wohnung und vor allem auch keine Aussicht auf Arbeit. Aber wir hatten noch einmal Glück im Unglück. Denn mein Mann, der Ingenieur ist, bekam einen Job in Moskau.« Ein paar Jahre lebte die ganze Familie dort, dann ging Armine mit den Kindern zurück nach Armenien: »Das Leben in Moskau war zu teuer für uns, und ich hatte keine Arbeit.« Nun unterrichtet sie Russisch an einer Schule in Jerewan. Mit den rund 22 Euro, die sie dafür monatlich bekommt, und mit dem, was ihr Mann allmonatlich der Familie schickt, komme man ganz gut über die Runden. »Natürlich ist es traurig, dass mein Mann nur ein oder zwei Mal im Jahr nach Hause kommen kann. Die Kinder vermissen ihn sehr, und wir hatten uns das gemeinsame Leben anders vorgestellt. Aber so wie uns geht es ja vielen armenischen Familien.« Nach Gjumri komme sie nur noch hin und wieder, um Freunde von früher zu besuchen, erzählt Armine. Wohnen wolle sie nicht mehr in ihrer Heimatstadt: »Früher war es hier voller Leben, jetzt kommt mir alles öde und traurig vor.«

Gjumri, das zu Sowjetzeiten Leninakan hieß, ist die Hauptstadt der Provinz Schirak. Die Stadt liegt am Kreuzungspunkt alter Handelswege und war über Jahrhunderte eines der wichtigsten Wirtschaftszentren im Transkaukasus. Zwar hatte es in der Region immer wieder Erdbeben gegeben, keines aber war so stark und vor allem in seinen Auswirkungen so verheerend gewesen wie jenes vom 7. Dezember 1988: rund ein Viertel aller armenischen Industriekapazitäten und große Teile des Verkehrsnetzes wurden damals zerstört. Die Katastrophe leitete jene große Krise ein, aus der sich das Land bis heute nicht erholt hat. Verwundet und geschwächt hatte Armenien, als wenig später die Sowjetunion zerfiel, eine denkbar schlechte Ausgangsposition auf dem Weg in die staatliche und vor allem auch wirtschaftliche Unabhängigkeit.

In keiner anderen Stadt Armeniens werden die aktuellen Probleme Armeniens so deutlich wie in Gjumri: die Armut der Menschen; die Mangelwirtschaft; die Arbeitslosigkeit, die hier besonders hoch ist; die Isolation durch die zerstörte Verkehrsinfrastruktur und die geschlossenen Grenzen – jene zur Türkei ist nur knapp zehn Kilometer entfernt; und vor allem auch die Korruption. »Wenn nach dem Erdbeben all die Spenden, die aus der ganzen Welt kamen, wirklich ihr Ziel erreicht hätten, wenn sie wirklich dem Wiederaufbau Gjumris zugute gekommen wären, dann sähe die Stadt heute anders aus. Es gäbe keine zerstörten Häuser mehr, keine Baracken, alle Probleme wären gelöst« – so offen formuliert es Hasmik Kirakosyan, die Kulturbeauftragte der Provinz Schirak. Aber nicht nur sie, sondern jeder, mit dem man in Gjumri spricht, macht die Veruntreuung von Spendengeldern, zu der es in den ersten Jahren nach dem Erdbeben in großem Stil gekommen sein soll, zum Thema. »Sehr viel floss in die falsche Richtung«, sagt Hasmik Kirakosyan – die Frage »Wohin« aber kann oder will sie nicht genau beantworten: »Die damalige Regierung hat die Gelder für Verschiedenes benutzt. Vielleicht wurde in Jerewan etwas gebaut, vielleicht woanders, vielleicht irgendwelche Straßen. Ich weiß darüber nicht so genau Bescheid. In Gjumri jedenfalls sind viele der Gelder nicht angelangt.«

In anderen Gesprächen hört man auch von Fällen privater Bereicherung, von Leuten, die sich mit viel Geld ins Ausland abgesetzt hätten, sich Villen gekauft hätten, ein luxuriöses Leben führten. Zu einer Untersuchung der Spendengeldaffären ist es bislang noch nicht gekommen. Aber immerhin, so Hasmik Kirakosyan, laufe es jetzt besser, es gebe mehr Kontrolle, auch von Seiten der Spender. Die meisten von ihnen hätten – zum

Glück – Gjumri nicht im Stich gelassen, würden jetzt aber sehr genau darauf achten, was mit ihren Geldern geschehe.

»Ohne die große Hilfe aus aller Welt hätte Gjumri nicht überlebt«, betont Kirakosyan. Tatsächlich ist der Wiederaufbau in der Erdbebenregion nur mit internationaler Unterstützung möglich. Kamen die Mittel zunächst vor allem aus Spendenaktionen in verschiedenen Ländern – auf diese Art und Weise wurde etwa der Bau des »Österreichdorfes« in Gjumri ermöglicht – so stammen sie nun zu einem großen Teil aus der armenischen Diaspora. Zu den großen Geldgebern zählt dabei vor allem der amerikanische Milliardär Kirk Kerkorian, der – neben anderen Projekten – in den Jahren 2002/03 den Bau von 3670 Wohnungen finanzierte.

Die große Bedeutung der Diaspora beim Aufbau des Landes ist in Gjumri besonders offenkundig. Aber auch Kreativität, Kunstsinnigkeit, Begeisterungsfähigkeit und Initiative sind hier in erstaunlich hohem Maße zu finden. »Besuchen Sie die Kunstakademie«, schlägt Hasmik Kirakosyan vor. »Dort spüren Sie, dass diese Stadt trotz allem eine Zukunft hat, dass es Hoffnung und Engagement gibt.«

Die Akademie befindet sich im Stadtzentrum, an einem großen Platz, in dessen Mitte früher eine riesige Lenin-Statue stand. Diese hat das Erdbeben ohne Schäden überstanden, als aber die Sowjetunion zerfiel, wurde auch sie gekippt. Ihren Platz nimmt heute eine Engelsfigur ein – ebenso überdimensioniert wie einst Wladimir Iljitsch. Wuchtig auch das Akademiegebäude, das vormals einem ganz anderen Zweck diente: Bis zum Erdbeben war hier die regionale Zentrale der kommunistischen Partei untergebracht. Der Bau stürzte beim Erdbeben zwar nicht ein, trug aber schwere Schäden davon – symbolhaft für die weitere Entwicklung.

Breite Stufen führen hinauf zum Eingang, neben dem eine große Tafel angebracht ist. In großen Lettern, armenisch und englisch, verkündet sie, dass das Gebäude vor allem aus jenen Mitteln renoviert wurde, »die Maestro Loris Tjeknavorian 1991 während seiner Wallfahrt nach Gjumri gesammelt hat«.

»Es war eine spontane Idee, und ich hätte nie gedacht, dass sich so viele Menschen daran beteiligen würden«, erinnert sich Loris Tjeknavorian an seinen Fußmarsch von Jerewan nach Gjumri. Ich habe den Künstler in seinem Jerewaner Penthouse besucht. Tjeknavorian ist ein quirliger, temperamentvoller Mann mit weißgrauem Lockenkopf – Typ Leonard Bernstein – und ein Künstler mit bemerkenswerter Laufbahn: geboren 1937 im Iran, Sohn einer wohlhabenden armenischen Diasporafamilie, Musikstudium in Wien, später Chefdirigent an der Teheraner Oper und eine Art Hofkomponist des Schah. Nach der Emigration aus dem Iran internationale Tätigkeit, vor allem in Großbritannien und in den USA.

Obwohl er bereits über vierzig war, als er das erste Mal Armenien besuchte, habe er das Land immer schon als seine Heimat empfunden. Aber das sei eben, so meint Tjeknavorian, auch etwas typisch Armenisches: »Einerseits sind wir seit Jahrhunderten ein Volk von professionellen Emigranten, andererseits haben wir alle, auch wenn wir seit Generationen weit weg wohnen, eine ungeheuer starke emotionale Bindung zu diesem Stück Erde im Kaukasus, zu seiner Geschichte und seiner Kultur.«

Der Gedanke, für längere Zeit in Armenien zu leben, kam Tjeknavorian allerdings erst nach dem Erdbeben, das, wie er sagt, auch sein Leben erschütterte. »Ich hatte damals viele Engagements, es ging mir sehr gut – aber ich wurde das Gefühl nicht mehr los, dass es jetzt meine Pflicht war, meiner Heimat zu helfen.«

Zunächst organisierte er in der New Yorker Carnegie Hall eine Benefizgala, an der Künstler wie Placido Domingo und Mstislav Rostropowitsch teilnahmen und die eine halbe Million Dollar als Ersthilfe für das Erdbebengebiet einbrachte. »Geld zu schicken, genügte mir aber nicht. Ich musste in das Land, vor Ort mithelfen.« 1989 übersiedelte Loris Tjekanvorian in das damals noch sowjetische Armenien: »Ich hatte nicht lange überlegt, und erstaunlicherweise gab es relativ wenig Probleme.« Im Gegenteil: Noch 1989 wurde er zum Leiter des Armenischen Philharmonischen Orchesters ernannt.

»Mit dem Erdbeben hatte ja für mich alles begonnen, und daher hatte ich eine besondere Beziehung zu Gjumri. Ich sah, dass dort nichts weiterging, dass die Menschen jede Hoffnung verloren hatten. Ich wollte daher irgendeine Aktion starten, um ihnen zu helfen. Ja, und dann kam mir eben ganz plötzlich die Idee, eine Art Wallfahrt zu unternehmen, zu Fuß von Jerewan nach Gjumri zu gehen und dabei Geld für den Wiederaufbau des kulturellen Lebens im Erdbebengebiet zu sammeln.«

In einem Interview habe er von seinem Vorhaben erzählt und natürlich habe er gehofft, dass sich ein paar Leute an seiner Aktion beteiligen würden. Nie aber habe er damit gerechnet, dass er damit eine Massenbegeisterung auslösen sollte. Als sich Loris Tjeknavorian am 1. Juni 1991 zu seinem neuntägigen Fußmarsch aufmachte, hatten sich auf dem Platz vor der Jerewaner Philharmonie rund fünfzigtausend Menschen eingefunden, um ihn zu bejubeln. Viele von ihnen absolvierten den ersten Tagesmarsch mit ihm, andere gesellten sich später dazu.

Ein Video, das mir Tjeknavorian zeigt, dokumentiert den Triumphzug: In allen Dörfern und Städten, durch die sein Weg führt, wird er von begeisterten Menschenmengen empfangen, immer wieder klettert er auf irgendein behelfsmäßig errichtetes Podest, ruft den Menschen zu, dass sie die Hoffnung nicht verlieren dürfen, dass es in dieser schwierigen Zeit vor allem gelte, sich auf die armenischen Werte, die armenische Kultur zu besinnen. Und alle spendeten. »Es war unfassbar: jeder gab etwas, auch wenn es nur ein paar Kopeken waren.« Er hatte gehofft, so erzählt Tjeknavorian, ein paar Hunderttausend Rubel zusammenzubringen – am Ende seiner »Wallfahrt« waren es fünfzehn Millionen.

In Gjumri wurde Loris Tjeknavorian wie ein Held gefeiert. »Es war das erste Mal seit dem Erdbeben, dass in unserer Stadt wieder gesungen und getanzt wurde«, erzählt Hasmik Kirakosyan. »Und das war mindestens ebenso wichtig wie die materielle Hilfe, die er brachte. Er hat uns und dem ganzen Land gezeigt, dass es Hoffnung gibt, wenn wir nur initiativ sind und zusammenhelfen.«

Die fünfzehn Millionen Rubel hatten nach dem Zusammenbruch der Sowjetunion nur noch einen Bruchteil ihres Wertes. Tjeknavorian aber gelang es, die in den USA beheimatete »Armenian General Benevolent Union« für die Unterstützung des Projektes zu gewinnen, und obwohl sich in der Krisenzeit Mitte der neunziger Jahre die Renovierungsarbeiten um einiges schwieriger und mühsamer gestalteten, als man erwartet hatte, wurde das Exparteigebäude soweit saniert, dass es 1997 als Kunstakademie wiedereröffnet werden konnte.

»Nein, ich fahre kaum je nach Gjumri, ich mische mich nicht in den Betrieb ein«, sagt Tjeknavorian, der sich längst mit neuen Projekten beschäftigt: Er hat sein eigenes Ensemble gegründet und ist nun wieder vorwiegend im Iran tätig. »Gjumri ist für mich abgeschlossen. Meine Aufgabe war es, sozusagen eine Initialzündung zu geben. Den Menschen zu zeigen, dass es eine Zukunft gibt. Weitermachen müssen sie selber.«

In der ehemaligen Parteizentrale wird weitergemacht: Das großflächige Gebäude beherbergt nunmehr das Konservatorium, die Akademie der bildenden Künste und die Akademie der darstellenden Künste. Mit sichtbarem Enthusiasmus wird hier gearbeitet: Die Hörsäle, Übungszimmer und Ateliers sind, so beweist ein Rundgang durch das Haus, gut besucht, es wird Klavier gespielt, im Chor gesungen, getanzt, Theater geprobt, gemalt und die Studentinnen der Designklasse sind gerade dabei, eine Modeschau zusammenzustellen. Die Musikabteilung kann bereits auf einige Erfolge bei internationalen Wettbewerben verweisen – aber das Allerwichtigste sei es, meint Hasmik Kirakosyan, dass die jungen Leute das Gefühl bekommen, dass es Sinn macht, in Gjumri zu bleiben, dass es hier eine Zukunft gibt, die sie kreativ mitgestalten können.

»Gjumri stellt eine Art Nullpunkt dar. Ob das aber ein End- oder ein Anfangspunkt ist, das müssen wir selber entscheiden« – so formuliert es der Performance-Künstler Azat Sargsian. Er hat 1998 mit einigen anderen bildenden Künstlern das Avantgarde-Festival Gjumri Biennale ins Leben gerufen. Unter zunehmender internationaler Beteiligung werden vom Erdbeben devastierte Orte, leer stehende Gebäude, die Kunstakademie und auch die allmählich neu entstehenden Galerien für die Ausstellungen des Festivals genutzt. Das Tolle sei, so Azat Sargsian, dass die ganze Bevölkerung dabei Anteil nehme. »Auch wenn sie mit moderner Kunst vielleicht nicht allzu viel anfangen können, fühlen die Menschen, dass hier etwas Neues entsteht, etwas, das in die Zukunft weist.« Auffällig sei auch, dass viele der Künstler ihre ursprünglichen Konzepte änderten, wenn sie nach Gjumri kämen. »Sie fühlen, dass sie nicht Vorgefertigtes, längst Erdachtes präsentieren können, sondern auf die Situation hier reagieren müssen. Denn auf die Fragen, die sich hier stellen, sind neue Antworten zu geben.«

## Bjurakan: Ein Blick in die Sterne

Diesen Schriftzug kenne ich doch, denke ich. Natürlich: Lomo – das sind doch diese kleinen, russischen Kameras, die bei uns fast Kultstatus haben. Hier aber prangt die Aufschrift Lomo auf einem riesigen Teleskop. »Lomo bedeutet ›Leningradskoje Optiko Mechanichesckoje Obedinenje‹ – Leningrader optisch-mechanische Vereinigung. Ein Spitzenbetrieb der Sowjetunion. Gibt es auch heute noch. Alle unsere Teleskope wurden dort hergestellt. Dieses hier ist unser größtes. Es hat einen 2,6-Meter-Spiegel, und als es 1976 in Betrieb genommen wurde, war es eines der größten Teleskope Europas«, erzählt mir Tigran mit unüberhörbarem Stolz.

Tigran ist Astronom am Bjurakan-Observatorium: »Ich habe 1980, nach meinem Studienabschluss, hier begonnen. Damals war Bjurakan eines der bedeutendsten Observatorien der UdSSR. Wir haben eng mit den Kollegen von der berühmten Leningrader Pulkowo-Sternwarte zusammengearbeitet. Sie haben viele ihrer Projekte hier bei uns durchgeführt, denn in Bjurakan sind die Bedingungen für astronomische Beobachtungen besser, wir liegen höher, die Nächte sind überaus klar, die Transparenz der Luft sehr groß.«

Das Astrophysikalische Observatorium Bjurakan liegt auf rund 1500 Meter Seehöhe, am Südhang des höchsten Berges Armeniens, des 4090 Meter hohen Aragaz. Nicht nur der Blick nach oben, auf den Sternenhimmel, ist hier etwas Besonderes, sondern auch jener hinüber zum Ararat, der von Bjurakan aus zur Gänze zu sehen ist: die beiden nebeneinander liegenden, durch einen Sattel verbundenen Kegel – zwei erloschene Vulkane –, die das Massiv bilden. Nicht ganz so spektakulär, dafür umso idyllischer ist der Blick hinunter ins Tal: ein paar kleine Dörfer, ringsum grüne Weiden, hier und dort einzelne Schafherden. In einem breiten Bogen geht das mächtige Aragaz-Massiv in immer sanfter werdende Hügel über, die sich dann in der weiten Araratebene verlieren. Im Südosten ist eine größere Ansiedlung erkennbar, das Städtchen Aschtarak, irgendwo dahinter, rund dreißig Kilometer von Bjurakan entfernt, muss Jerewan liegen.

»Einige unserer Mitarbeiter kommen täglich mit dem Bus aus Jerewan hierher. Viele aber wohnen während der Woche hier, so wie ich. Platz gibt es ja genug«, lacht Tigran. Das Gelände, auf dem sich das Observatorium befindet, wirkt wie ein riesiger Landschaftsgarten. Die einzelnen Gebäude – die schmalen, hohen Bauten mit den silbernen Kuppeln, in denen sich die großen Teleskope befinden, die flachen, langgestreckten Wohnblocks für die Mitarbeiter, das Gästehaus mit breiter Sonnenterrasse und das in historisierendem Palazzo-Stil gehaltene Verwaltungs- und Direktionsgebäude – sind miteinander durch schmale Alleen verbunden. Zwischendrin immer wieder Arrangements von Blumenbeeten und Ziersträuchern, einst planvoll und exakt angelegt, nun aber offenbar schon seit geraumer Zeit wild wuchernd. Mitten durch das Areal fließt ein Fluss, über den eine schmale, schwankende Hängebrücke führt, umgeben ist die Anlage von einer Steinmauer, mit schmiedeeisernen Toren an den Zufahrten.

In den kleinen, fast quaderförmigen Bauten, von denen ich ein Dutzend – verteilt über das gesamte Gelände – entdecke, befinden sich Übungsteleskope, erklärt mir Tigran. »Sie gehören der Universität Sankt Petersburg, werden aber nur noch selten benutzt. Früher, als es noch die Universität Leningrad war, sind die Astronomiestudenten regelmäßig auf Studienwochen hierher gekommen. Unsere Leute wiederum absolvierten einen Teil ihrer Ausbildung in Leningrad. Jetzt gibt es leider nur mehr wenige Kontakte.«

Das Problem ist auch in diesem Fall das Geld. Für die jungen Sankt Petersburger Astronomen ist die Reise zum Aragaz kaum erschwinglich – und für die armenischen Wissenschaftler die Fahrt nach Russland meist überhaupt nicht. »Früher, zu Sowjetzeiten, konnte ein Wissenschaftler um einen Monatslohn fünf Mal von Jerewan nach Leningrad und zurück fliegen«, erzählt Tigran. »Jetzt kostet ein Ticket mindestens fünf Monatslöhne.«

Die Knappheit der finanziellen Mittel hat den wissenschaftlichen Betrieb in Bjurakan stark eingeschränkt. Die technische Ausstattung ist vielfach veraltet, eines der Kernstücke des Observatoriums ist bis auf weiteres außer Betrieb: das Ein-Meter-Schmidt-Spiegelteleskop, mit dem, so Tigran, »Projekte durchgeführt wurden, die in der internationalen Fachwelt höchste Anerkennung erhielten. So etwa hat Beniamin Markarian in den sechziger Jahren mit diesem Teleskop eine neue

Art von Galaxien entdeckt, die dann nach ihm Markarian-Galaxien benannt wurden.« Auf mehr als zweitausend Fotoplatten seien diese Galaxien damals im berühmten »First Bjurakan Survey« dokumentiert worden.

An derartige Vorhaben sei heutzutage nicht zu denken, denn die gesamte technische Ausrüstung müsste erneuert werden: »Immerhin ist sie schon an die fünfzig Jahre alt.« Allerdings sei nicht einmal das nötige Geld für Fotoplatten und Filme vorhanden. Aber man müsse sich eben umorientieren, neue Aufgaben finden. Jammern, wie es viele seiner Landsleute tun, helfe doch nichts, meint Tigran und erzählt begeistert von neuen Gemeinschaftsprojekten mit wissenschaftlichen Instituten in Frankreich, Deutschland, Großbritannien und Japan: »Natürlich können wir dabei nicht die Nummer eins sein, so wie früher. Aber wir können Teilbereiche übernehmen, bei denen unser Know-how gefragt ist. Damit geht der Forschungsbetrieb weiter, wir bekommen vermehrt internationale Unterstützung – und die Zukunftsaussichten sind damit wohl gar nicht so schlecht.«

Tigrans Optimismus und seine Begeisterung für seinen Beruf scheinen typisch für Bjurakan zu sein. Vor dem Direktionsgebäude erwartet mich Edward Khachikian: früherer Direktor des Observatoriums, Universitätsprofessor für Astrophysik, Mitglied der Armenischen Akademie der Wissenschaften und zahlreicher internationaler wissenschaftlicher Vereinigungen – ein kleiner, schlanker, freundlicher und überaus temperamentvoller Mann in schwarzen Jeans, Segeljacke, Tennisschuhen und mit sportlicher Sonnenbrille. Er begrüßt mich in perfektem Deutsch und Englisch, dann auch noch Russisch – vermutlich ebenso perfekt. Auf mein Kompliment bezüglich seiner Sprachkenntnisse erzählt er mir sofort – und in rasantem Sprechtempo – von seiner ersten Kongressteilnahme in den USA: Alles sei problemlos abgelaufen, nur als ihn die amerikanischen Kollegen bei jedem Treffen mit »Hi« begrüßten, habe er sich gewundert, dass sie ihn immer auf seine Nationalität angesprochen hätten, bis er mitbekommen habe, dass »Hi« ein Gruß sei und nichts mit dem armenischen Wort »haj« zu tun habe, das, wie ich ja wohl wisse, »Armenier« bedeute.

Ich komme gar nicht dazu, die Geschichte zu kommentieren, denn nun will Edward Khachikian wissen, für wie alt ich ihn denn halte. An die 65 denke ich, sage aber, um keinen Fauxpas zu begehen, 60. »Ich bin 75«, jubelt er, »und seit 52 Jahren hier in Bjurakan tätig! Ich war einer der ersten Mitarbeiter von Viktor Hambartsumian.«

Hambartsumian – »Schreiben Sie aber auch Ambartsumian, das ist zwar falsch, aber so steht es in vielen Nachschlagewerken. Die Russen haben das H weggelassen, weil sie es nicht aussprechen können«, kichert Khachikian – Hambartsumian oder Ambartsumian, manchmal auch Ambarzumjan geschrieben, ein Armenier aus dem georgischen Tiflis, hatte in Leningrad studiert und war dort jahrelang wissenschaftlich tätig gewesen. Anfang der vierziger Jahre kam er nach Armenien, wurde eines der Gründungsmitglieder der Armenischen Akademie der Wissenschaften, richtete an der Universität Jerewan ein Institut für Astrophysik ein – »Ich war sein erster Student«, vermerkt Khachikian – und gründete 1946 das Observatorium am Aragaz, das nach dem nahe liegenden Dorf Bjurakan benannt wurde.

»Durch Hambartsumian wurde der wissenschaftlichen Welt überhaupt erst bewusst, dass es Armenien gibt. Aber er war nicht nur einer der bedeutendsten Forscher dieses Landes, sondern einer der führenden Astrophysiker des 20. Jahrhunderts.« Um dies zu dokumentierten, erzählt mir Edward Khachikian von Hambartsumians Theorien über die Entstehung und den Aufbau von Sternen, legt mir dessen Überlegungen zur Entwicklung von Sternsystemen und zur Beschaffenheit der Galaxienkerne dar, verweist darauf, dass Hambartsumian die Basis für die Entdeckung der Quasare schuf und dass er Präsident der Internationalen Astronomischen Union gewesen sei.

»Seine große Liebe aber war Bjurakan. Bis 1988 war er hier Direktor. Mit achtzig ist er zurückgetreten, blieb aber auch danach weiterhin wissenschaftlich aktiv und lebte hier, in seinem Haus, bis zu seinem Tod im Jahr 1996. Kommen Sie mit, ich zeige Ihnen sein Büro!«

Khachikian, der, wie er mich nebenbei wissen lässt, während seiner Studienzeit auch einige Leichtathletik-Wettbewerbe gewonnen hat, läuft vor mir her, hinauf in den ersten Stock. Hambartsumians Büro ist ein großer, heller Raum mit Bücherregalen an den Wänden, einer kleinen Sitzgruppe und einem großen Schreibtisch. Viele Fotos, gerahmte Urkunden und Souvenirs aus aller Welt erinnern an den Gründer des Observatoriums.

Natürlich sei es schmerzhaft gewesen, erzählt Edward Khachikian, dass nach dem Zerfall der Sowjetunion auch für das Observatorium sehr schwierige Zeiten anbrachen. »Hambartsumian hat das noch miterlebt und sicher sehr darunter gelitten. Früher haben hier an die 150 Wissenschaftler gearbeitet, jetzt sind es nicht einmal halb so viele. Zahlreiche unserer Spitzenleute sind nach 1991 weggegangen, im Ausland waren sie ja sehr gefragt.«

Eine Entwicklung, von der nicht nur das Astrophysikalische Observatorium Bjurakan betroffen war. Zu Sowjetzeiten war Armenien eine Art »think tank« für die gesamte UdSSR – mit einer überdurchschnittlich gut ausgebildeten Bevölkerung und zahlreichen wissenschaftlichen Einrichtungen, Universitäten, Forschungszentren und Labors. Im Mittelpunkt standen vor allem naturwissenschaftliche und technische Studien, denn in Armenien forschte und konstruierte man vor allem auch für den militärischen Bereich. Bekanntestes Beispiel dafür ist das russische Kampfflugzeug MiG, benannt nach den beiden Konstrukteuren, einem Armenier und einem Russen: Mikojan und Gurewitsch.

Derzeit sind nach inoffiziellen Schätzungen nur noch fünf bis zehn Prozent der wissenschaftlichen Institutionen, die es zu Sowjetzeiten in Armenien gab, in Betrieb. Ein Hemmschuh für den wissenschaftlichen Nachwuchs ist auch das mit der Selbständigkeit des Landes eingeführte System der Studiengebühren. Diese sind je nach Fachrichtung unterschiedlich: Für weniger beliebte, weniger karrieresichernde Studien ist weniger zu bezahlen, für jene, nach denen viel Nachfrage herrscht, entsprechend mehr – für alle aber, gemessen am Durchschnittsgehalt, relativ viel. Literaturwissenschaft etwa kostet derzeit rund 240 Euro pro Jahr, für Physik und Astronomie sind jährlich an die 480 Euro zu bezahlen, für ein Medizinstudium hingegen bis zu 950 Euro (wobei die genaue Höhe der Gebühren schwankt – angepasst der aktuellen Nachfrage).

Wer nicht bezahlen kann, bekommt keinen Studienplatz – es sei denn, er oder sie erreicht bei der Studienaufnahmeprüfung die Höchstnote und bekommt einen der wenigen Freiplätze. Dabei allerdings gebe es, so versichern mir alle, die ich darauf anspreche, immer wieder »dubiose Bewertungen« – oder, wie es eine Wirtschaftsstudentin, die rund fünfhundert Euro pro Jahr zu berappen hat, formuliert: »Alle wissen, dass bei diesen Prüfungen bestochen wird, aber es wird natürlich so bestochen, dass es niemand konkret wissen – und damit auch beweisen – kann.«

In den letzten Jahren allerdings wird gegen die Korruption im universitären Bereich verstärkt vorgegangen, die Situation habe sich, auch darin sind sich die meisten meiner Gesprächspartner einig, bereits ein wenig gebessert.

»Armenien wird sich wieder erholen, die Dinge werden wieder ins Lot kommen«, ist Edward Khachikian überzeugt – »Und außerdem«, meint der Astronom: »Das Universum ist so groß, dass die Welt und unsere Probleme hier doch eigentlich sehr klein sind.«

## Sewansee: Achtzig Zentimeter Fisch

Schon wieder ein junger Mann am Straßenrand, der sich unserem heranfahrenden Auto mit dieser eigenartigen Geste zuwendet: die Arme in Brusthöhe, leicht angewinkelt, die Hände ausgestreckt, als wolle er Maß nehmen – an die siebzig, achtzig Zentimeter wären es wohl, würde man nachmessen. Bereits kurz zuvor waren mir ein paar Jungen aufgefallen, die in dieser Weise die Vorbeifahrenden auf sich aufmerksam machten. »Sie wollen Fische verkaufen«, erklärt mir Robert, »und sie wollen uns zeigen, dass es sehr große Fische sind.«

Wir sind unterwegs von Jerewan zum Sewansee. Knapp eine Stunde hat die Fahrt auf der für armenische Verhältnisse gut ausgebauten Schnellstraße gedauert. Wir müssten bald am Ziel sein, noch aber ist der See nicht zu sehen.

Und wieder ein Straßenhändler, der seine Ware mit großer Geste anpreist. »Warum stellen sie nicht einfach Hinweisschilder auf? Und wo sind eigentlich die Fische, die sie verkaufen wollen?« Irgendwelche Behälter hatte ich bislang nicht gesehen, auch keinerlei Lager- und Kühlmöglichkeiten waren am Straßenrand zu entdecken. »Der Verkauf ist illegal. Man einigt sich auf einen Preis, dann holt der Händler die Fische aus dem Dorf.« Das könne zwar eine Weile dauern, aber das Warten lohne sich, denn es seien gute, billige Fische, die man hier bekomme. Sollte einmal ein Kontrolleur vorbeikommen, so würde dieser den unerlaubten Handel nur schwer nachweisen können: »Irgendwelche Handbewegungen zu machen kann wohl nicht verboten sein. Und eine Plauderei mit Touristen, die sich am Straßenrand ausruhen, doch ebenso wenig!« Ein Trick, der sich schon zu Sowjetzeiten bewährt hatte, als jeder Privatverkauf streng verboten war. Nun werden damit jene Verordnungen unterlaufen, die von den Fischern behördliche Lizenzen verlangen und die Fangquoten mengenmäßig beschränken.

Nach einer Straßenkuppe zeigt sich endlich der See: eine türkisblau glitzernde Fläche, die sich weit über den Horizont hinaus ins Unendliche zu erstrecken scheint, gesäumt von hohen Bergen. Der Sewansee ist einer der größten Gebirgsseen der Welt und mit einer Fläche von – derzeit – rund 1250 Quadratkilometern etwas mehr als doppelt so groß wie der Bodensee.

Wir biegen von der Schnellstraße ab, ein schmaler Fahrweg führt hinaus auf eine lang gestreckte Halbinsel. Sehr ruhig ist es hier, angenehm kühl trotz des strahlenden Sonnenscheins: Immerhin liegt der See auf fast zweitausend Metern Höhe. Ringsum Wiesen, ein paar kleine Wäldchen, die an manchen Stellen bis an den schmalen Sandstrand heranreichen. Eine durch und durch intakte Landschaft – so scheint es. Verstärkt wird der idyllische Eindruck durch zwei alte, malerische Kirchen, die, weithin sichtbar, auf einem steil ansteigenden, mächtigen Hügel inmitten der Halbinsel liegen. Sie sind das Wahrzeichen der Sewan-Region und natürlich steigen auch wir zu der längst aufgelassenen, ehemaligen Klosteranlage aus dem 9. Jahrhundert hinauf. Von hier aus hat man einen herrlichen Rundblick – und von hier aus ist auch erkennbar, wie sehr sich die Region in den letzten Jahrzehnten verändert hat. »Ich kann mich erinnern, dass wir noch Mitte der fünfziger Jahre mit einem Boot hierher gefahren sind«, erzählt Robert. Der Hügel sei damals noch ringsum von Wasser umgeben gewesen. »Auch die Straße, auf der wir gekommen sind, gab es noch nicht. Der See war viel größer, die alte Landstraße lag viel weiter oben in den Bergen.«

Seither ist der Wasserstand des Sewansees dramatisch gesunken. Die Klosterinsel, die über Jahrhunderte ein sicherer, weit vom Ufer entfernter Zufluchtsort war, von dem aus – so wird mir erzählt – einst auch ein armenischer König mit seinen Kämpfern einem arabischen Eroberungsheer widerstanden habe, wurde zur Halbinsel. Dörfer, die man vom Kloster aus irgendwo weit drüben am Festland, weit vom See entfernt entdecken kann, lagen einst direkt am Ufer. Dort, wo heute eine Eisenbahntrasse entlangführt, ankerten noch vor wenigen Jahrzehnten die Boote der Fischer. Insgesamt ist das Volumen des Sees bisher um mehr als vierzig Prozent geschrumpft.

»Wenn es uns nicht gelingt, diese Entwicklung zu stoppen, dann droht eine ökologische Katastrophe mit unabsehbaren Folgen«, fasst der Biologe Rafik Hovhannisyan die Situation zusammen. Ich hatte ihn am Tag vor der Fahrt zum Sewansee in Jerewan getroffen. Der kräftige, agile Mittsechziger ist Leiter des Instituts für Hydroökologie und Fischkunde, und dass ihm der Sewansee ein besonderes Anliegen ist, beweisen die vielen Regionalkarten, Fotos und Diagramme an den Wänden seines Büros an der Akademie der Wissenschaften.

»Das Sewan-Problem hängt eng mit der wirtschaftlichen Entwicklung Armeniens zusammen«, erklärt Hovhannisyan. »Das Land hat keinerlei Energieressourcen – weder Kohle noch Erdöl oder Erdgas. Wir müssen alles importieren. Das Einzige, was wir haben, sind diese riesigen Wassermassen hoch oben im Gebirge. Daher entstand Anfang der dreißiger Jahre der Plan, den Sewansee zur Stromerzeugung zu nutzen. Nur so, das darf man nicht vergessen, konnte das Land industrialisiert werden.« Hovhannisyan legt, wie er betont, großen Wert auf eine historisch faire Darstellung des Problems: »Ohne die Nutzung des Sewansees wären wir heute ein total rückständiges, vertrocknetes Land.« Für den wirtschaftlichen Aufbau Armeniens sei es von größter Bedeutung gewesen, als 1937 das erste von insgesamt sechs Wasserkraftwerken am Fluss Hrasdan, der dem Sewansee entspringt, in Betrieb genommen wurde. Außerdem wurde in der fruchtbaren, aber sehr trockenen Araratebene, in die der Hrasdan hinunterfließt, ein weit verzweigtes Netz von Bewässerungskanälen angelegt, die mit Wasser aus dem Sewansee gespeist werden.

»Aus damaliger Sicht waren diese Maßnahmen richtig und gut gedacht«, meint Hovhannisyan. »Die Folgen konnte niemand genau abschätzen.« Vor allem war der Wasserverlust zunächst noch nicht allzu groß. In den Aufbaujahren nach dem Zweiten Weltkrieg allerdings stieg er sprunghaft an: Zwischen 1949 und 1962, jenem Jahr, als das letzte Kraftwerk an der Sewan-Hrasdan-Kaskade in Betrieb ging, waren es jährlich bis zu zwei Milliarden Kubikmeter Wasser, die dem See zur Stromerzeugung entzogen wurden. Der Wasserspiegel sank allmählich um neunzehn Meter ab.

Die Fischer gehörten zu den Ersten, die bemerkten, dass diese Entwicklung dem Gewässer schweren Schaden zufügte. Zwar gingen weiterhin viele Fische in die Netze, aber es waren fast nur noch Weißfische. Der Sewansee jedoch war stets für seine Forellen berühmt gewesen – vor allem für jene Art, die als »Prinz«, armenisch *ischchan*, bezeichnet wird. Die Forellen aber wurden immer weniger. Es sollte sich herausstellen, dass von den vier Arten, die es im Sewansee gab, zwei innerhalb weniger Jahre ausgestorben waren, die Bestände der beiden anderen waren drastisch reduziert. Denn durch das Austrocknen der Uferregionen waren die Laichgründe der Forellen zu einem großen Teil zerstört worden.

Aber auch rund um den Sewansee zeigten sich Anfang der sechziger Jahre erste besorgniserregende Veränderungen. Einige der Vogelarten, die stets zum Brüten an den See gekommen waren, blieben nach und nach aus, viele der für die Region typischen Pflanzen verschwanden. »Durch das schnelle Absenken des Wasserspiegels ist das gesamte Ökosystem gekippt«, erklärt Rafik Hovhannisyan. »Im Vergleich zum natürlichen Alterungsprozess von Gewässern war die Alterung des Sewansees um rund tausend Jahre beschleunigt worden.« Mit einem Mal wurde klar, dass Gefahr in Verzug war: Berechnungen zeigten, dass bei gleichbleibender Nutzung der See in rund zwanzig Jahren verschwunden sein würde.

Das wichtigste Süßwasserreservoir des Landes wäre damit ein für alle Mal verloren gewesen.

Mitte der sechziger Jahre begann man, die Wasserzufuhr zur Sewan-Hrasdan-Kaskade zu reduzieren. Die dadurch entstehenden Defizite in der Stromerzeugung konnten durch den mittlerweile erfolgten Anschluss an das gesamtsowjetische System ausgeglichen werden, 1975 ging das erste – und bislang einzige – armenische Atomkraftwerk, Metsamor, ans Netz. Das Energieproblem schien gelöst und zur Rettung des Sewansees startete man 1965 ein wasserbauliches Großprojekt. Ein Tunnel wurde angelegt, über den der See mit dem rund fünfzig Kilometer entfernten Fluss Arpa verbunden wurde. Dieser wurde aufgestaut, um den See in Zukunft mit rund dreihundert Millionen Kubikmeter Wasser pro Jahr zu speisen. Siebzehn Jahre dauerten die in der Gebirgsregion sehr schwierigen Grabungs- und Bauarbeiten, 1982 wurde der Arpa-Sewan-Tunnel in Betrieb genommen.

»Der Effekt ist deutlich sichtbar«, erläutert Rafik Hovhannisyan anhand eines großen Diagramms, das den jährlichen Wasserverlust des Sewansees darstellt. Nach einem allmählichen Anstieg bleibt die Kurve lange Zeit auf einem annährend gleichen, hohen Niveau und fällt dann, Mitte der Achtziger, deutlich ab. »Erstmals seit mehr als vierzig Jahren verlor der See nicht an Volumen. 1988, 1989 geht die Kurve sogar in den Plusbereich. Das heißt, der Wasserstand begann wieder zu steigen. Es handelte sich dabei zwar nur um einige Zentimeter, aber die Entwicklung sah durchaus positiv aus.«

Plötzlich aber schnellt die Kurve auf Hovhannisyans Diagramm steil in die Höhe und zeigt für die erste Hälfte der neunziger Jahre einen dramatischen Rückfall an. Nach dem Zerfall der Sowjetunion und vor allem aufgrund der Wirtschaftsblockade durch Aserbaidschan und die Türkei infolge des Berg-Karabach-Konfliktes war das armenische Energieversorgungssystem vollständig zusammengebrochen. Das Land war von allen Strom-, Gas- und Erdöllieferungen abgeschnitten. Schon zuvor, 1988, nach dem schweren Erdbeben in der Region Gjumri, musste das Atomkraftwerk Metsamor aus Sicherheitsgründen abgeschaltet werden. Vor allem aber die Jahre 1992 bis 1994 sind den Armeniern als die »dunkle Zeit« in schrecklicher Erinnerung: Täglich gab es nur für ein oder zwei Stunden Strom, die öffentliche Beleuchtung war außer Betrieb und während der kalten Winter fror das ganze Land. Um die Wohnungen wenigstens notdürftig zu heizen, wurden Möbel und Parkettböden zu Brennholz gemacht, ein Großteil der Bäume in den Jerewaner Parkanlagen und auf den Hügeln rund um die Stadt wurde innerhalb weniger Tage für Beheizungszwecke gefällt und die Kraftwerke der Sewan-Hrasdan-Kaskade wurden wieder auf volle Leistung gestellt.

Als Reaktion auf die Energiekrise wurde 1995 einer der beiden Reaktoren von Metsamor wieder in Betrieb genommen, obwohl – aus finanziellen Gründen – keine Verbesserung der Sicherheitsstandards vorgenommen werden konnte. Das von internationalen Experten als veraltet und gefährlich eingestufte Atomkraftwerk in der Erdbebenzone, nur 28 Kilometer von Jerewan entfernt, deckt seither rund ein Drittel des armenischen Strombedarfs. Auch die Strom-, Öl- und Gasimporte funktionieren seit einigen Jahren wieder – auch wenn sie das Staatsbudget stark belasten. Die Lieferungen kommen nun aus Russland, Turkmenistan und neuerdings auch aus dem Iran.

Die Kraftwerkskapazitäten am Sewansee konnten Ende der neunziger Jahre wieder reduziert werden, der See hat sich wieder ein wenig erholt, das neuerliche Absinken des Wasserspiegels konnte gestoppt werden. Außerdem wurde 2001 der Bau eines zweiten Tunnelprojekts wieder aufgenommen, das schon zu Sowjetzeiten begonnen worden war, dann aber aus Geldmangel einige Jahre stillstand. Über einen 21 Kilometer langen Tunnel, der den Fluss Vorotan mit dem Arpa-Sewan-Tunnel verbindet, soll künftig der See um weitere 165 Millionen Kubikmeter Wasser pro Jahr gespeist werden. Insgesamt will man den Wasserspiegel innerhalb der nächsten Jahrzehnte um sechs bis sieben Meter anheben. »Mehr ist sicher nicht möglich, da die höher liegenden ehemaligen Seeufer bereits viel zu dicht verbaut sind. Man kann den Menschen ja nicht einfach ihre Häuser fluten und die Fabriken zerstören«, erklärt Hovhannisyan. »Aber mit diesen paar Metern hoffen wir, das ökologische Gleichgewicht einigermaßen wiederherstellen zu können.«

Allerdings wird es nicht nur notwendig sein, den Wasserspiegel anzuheben, sondern auch den Lebensstandard der rund 270.000 Menschen, die rings um den Sewansee wohnen. Die Region zählt zu den wirtschaftlichen Krisengebieten des ohnehin krisengeschüttelten Landes, die Arbeitslosigkeit ist hoch, die Einkommen liegen durchwegs knapp um das Existenzminimum.

»In den letzten Jahren wurden zwar einige sehr ambitionierte Programme zum Schutz des Sees initiiert und auch einige diesbezügliche Gesetze beschlossen, aber die sind natürlich in einer solchen Situation schwer durchzusetzen«, meint Rafik Hovhannisyan. Die zunehmende Wasserverschmutzung etwa wird man wohl noch einige Zeit nicht in den Griff bekommen. Denn wer kann verhindern, dass ein Großteil der Abwässer in den See geleitet wird, wo doch für die Errichtung von Kanalisationssystemen oder gar Kläranlagen kein einziger Dram vorhanden ist, weder von öffentlicher und schon gar nicht von privater Seite. Wer hat die finanziellen Mittel, um das ambitionierte, Mitte der siebziger Jahre begonnene Forellenzucht-Projekt weiterzuführen? Und wer soll es den Fischern, die um das Überleben kämpfen, verbieten, so viele Fische wie möglich aus dem See herauszuholen, ohne sich um Lizenzen und Fangquoten zu kümmern? Der illegale Fischfang ist, so die Schätzungen, bis zu achtmal so hoch wie der offiziell erlaubte.

Aber auch die Androhung hoher Geldstrafen kann die Männer nicht vom Schwarzhandel abhalten. An die fünfzig Cent bekommen sie für ein Kilo Felchen. Und gehen ihnen doch einmal ein paar der so selten gewordenen Sewan-Forellen ins Netz, dann lassen sich damit Kilopreise bis zu 22 Euro – also ein gutes durchschnittliches Monatsgehalt – erzielen. Wer sollte sich da wohl davon abhalten lassen, sich mit großer Geste an die Schnellstraße zu stellen und zu hoffen, dass vielleicht doch ein finanzkräftiger Tourist vorbeikommt?

## Dilidschan: Szenerie für einen Film

Wir fahren weiter in Richtung Norden. Ein paar Kilometer folgt die Straße noch dem Seeufer, dann führt sie hinauf in die Berge zum Sewanpass. Die Gegend wird zunehmend öde: Der steinige Boden ist spärlich von trockenen Gräsern bewachsen, nirgendwo ein Baum, nur hier und dort vereinzeltes, windzerzaustes Gestrüpp. Schmutziges Ocker und stumpfes Graubraun sind hier die bestimmenden Farben. Doch plötzlich, beim Überqueren der Passhöhe, ein abrupter Wechsel der Szenerie: ringsum nur Grün, die Berghänge von Wiesen und Nadelwäldern bedeckt. Auf einer steilen, kurvenreichen Straße fahren wir hinunter ins Tal – rechts und links des Weges nun hohe Nuss- und Apfelbäume, dann die ersten Häuser von Dilidschan.

»Das milde Klima und die gemäßigte Kühle des Sommers, der warme, sonnige Winter, die reine Luft, die Mineralquelle – all das macht Dilidschan zu einem wahren Wundertäter der Heilbedürftigen«, lese ich in dem Reiseführer, den Robert auf unseren Ausflug mitgenommen hat. »Im Kurort gibt es viele Urlauber und Feriengäste«, ist da zu lesen – und das beweist auch ohne einen Blick auf das Impressum, dass das in Moskau erschienene Buch noch aus Sowjetzeiten stammt. Zwar ist das Klima immer noch angenehm mild, die Luft gut und das Mineralwasser wohlschmeckend und, wie man sagt, vor allem bei Problemen mit den Verdauungsorganen sehr zu empfehlen – doch nach den »vielen Urlaubern und Feriengästen« hält man heutzutage vergeblich Ausschau.

Zu Sowjetzeiten wurden die verdienten Werktätigen aus allen Teilen der UdSSR hierher geschickt, um, so der Reiseführer, »in Sanatorien und Heimen neue Schaffenskraft zu schöpfen«. Mit dem Zerfall der Union aber riss der Besucherstrom jäh ab. Die meisten der Gäste aus den ehemaligen »Bruderrepubliken« hatten, so wie auch die Armenier selbst, nicht die Mittel, um sich den Kuraufenthalt selbst zu bezahlen. Außerdem brachten der Konflikt um Berg-Karabach und die damit verbundene problematische Versorgungslage Mitte der neunziger Jahre den Tourismus in ganz Armenien, das lange Zeit eines der »Urlaubsparadiese« des Ostens gewesen war, zum Erliegen.

Mittlerweile hat sich die Branche wieder erholt und weist sogar kräftige Zuwachsraten auf. Die beginnende Investitionswelle, der Jerewan die dringend benötigten Hotels mit internationalem Standard verdankt, hat Dilidschan aber bislang nicht erreicht. Die schmucken Villen mit den kunstvoll geschnitzten Holzbalkonen, die im späten 19. Jahrhundert, als der Kurtourismus begann, errichtet wurden, sind renovierungsbedürftig, die »Sanatorien und Heime« verfallen, die meisten der Restaurants haben längst den Betrieb aufgegeben.

Auch die Künstler kommen nicht mehr nach Dilidschan. Zu Sowjetzeiten war es eine begehrte Auszeichnung, hier einen Urlaub verbringen zu dürfen. Die verschiedenen Künstlerverbände der UdSSR hatten für ihre Mitglieder eigene Häuser. Eine besondere Sehenswürdigkeit ist das »Haus der Filmschaffenden«: ein großer, spektakulärer, aus zahlreichen Betonquadern zusammengesetzter Bau – Sowjetmoderne der frühen siebziger Jahre, ein Stück Architekturgeschichte.

Unser Interesse aber gilt vor allem jener Ferienanlage, die den Mitgliedern des sowjetischen Komponistenverbands vorbehalten war. Auch sie konnten sich, abgeschirmt von den übrigen »Urlaubern und Feriengästen«, in einem eigenen Refugium ein wenig außerhalb des Kurortes erholen. Hier, an einem sanften Berghang, mitten in einem lichten Wald, hatte man Anfang der sechziger Jahre 25 kleine Häuser errichtet – mit einigem Abstand voneinander, in guter Sicht-, aber beträchtlicher Hörweite. Denn die Künstler sollten sich nicht nur ungestört entspannen, sondern auch komponieren.

»Hier könnte man einen Film drehen«, denke ich, als wir durch das riesige Areal streifen, »Handlung sekundär, wichtig aber die Stimmung: melodramatisch, stille Tragik des Verfalls, dazu eine gewisse skurrile Heroik. Lange Einstellungen, Klaviermusik im Hintergrund.« Robert hatte tags zuvor unseren Besuch beim Armenischen Komponistenverband, dem die Anlage nunmehr gehört, telefonisch angekündigt. Im Verwaltungsgebäude – einem größeren Bau im Zentrum des Areals – händigt man uns ein paar Schlüssel aus: »Kein Problem, schauen Sie sich ruhig ein paar der Komponistenhäuser an.«

Die Tür von Haus Nummer 12 klemmt ein wenig, aber mit kräftigem Rütteln ist sie doch aufzubekommen. Leicht modriger Geruch strömt uns entgegen, im Hausinneren ist es feucht und kalt. Alles wirkt, als ob die Zimmer vor langer Zeit für Gäste vorbereitet wurden, die nie kamen: die Betten sind sauber bezogen, auf dem Tisch liegt ein weißes Tischtuch, auf der Kommode gestärkte Deckchen – und über all dem eine feine Staubschicht. Die Tür des großen Küchenschranks knarrt, die Laden quietschen – drinnen: säuberlich gestapeltes Geschirr, fein poliertes Besteck. Im Badezimmer sorgfältig gefaltete Handtücher und ein unbenutztes Seifenstück, der Wasserhahn quietscht, spuckt viel bräunliches Wasser aus. Mitten im Wohnzimmer: ein großes Klavier, verstaubt und verstimmt.

Auf einem überwachsenen Weg gehen wir hinüber zu Haus Nummer 8. Auch hier die gleiche Einrichtung, die gleiche modrige Atmosphäre. Neben dem Eingang zwei große Bronzetafeln: auf der einen der Name Dimitri Schostakowitsch, auf der anderen Aram Chatschaturjan. Beide, so ist in Armenisch und Russisch zu lesen, haben in diesem Haus gewohnt, Schostakowitsch gleich nach der Eröffnung der Ferienanlage im Jahr 1963 und auch später noch mehrmals, Chatschaturjan ebenfalls im Eröffnungsjahr.

Verwilderte Pfade und zerbröckelnde Steinstiegen führen zu den weiteren Häusern. Die Anlage muss früher parkartig gestaltet gewesen sein: hier und dort entdecken wir verwucherte Blumenbeete, daneben schwere, altmodisch-verschnörkelte Bänke aus Gusseisen. Ein breiter Steinweg führt hinauf zu einer Lichtung, die, so stellen wir fest, offenbar von den Bauern der Umgebung als Kuhweide genutzt wird. Mittendrin, auf einer Anhöhe, aber steht ein Gebäude, das in dieser Umgebung absurd riesenhaft wirkt: ein wuchtiger, langgestreckter Bau, die Fassade fast zur Gänze aus Glas, davor, über die gesamte Länge des Hauses, eine große Terrasse. Es ist die Konzerthalle.

Hier passt keiner unserer Schlüssel, aber ein junger Mann in Arbeitskleidung und Gummistiefeln öffnet uns. Er habe uns schon kommen gesehen, sagt er und stellt sich als Wardan vor – »zuständig für alle Arten von Reparaturen in der Anlage«. Vom Eingang der Konzerthalle führen ein paar Marmortreppen ins Foyer: ein riesiger Raum, vollkommen leer – bis auf einen alten Tischtennistisch und einen ebenfalls schon etwas lädierten Billardtisch an der Fensterfront. »Für die Leute, die hier arbeiten«, erklärt Wardan mit einem entschuldigendem Lächeln. Rund dreißig Beschäftigte seien es, viel zu wenig eigentlich, um die große Anlage in Schuss zu halten, aber in den letzten Jahren habe es ohnehin kaum Gäste gegeben.

Wardan sperrt die mit aufwändigen Schnitzereien geschmückte Tür zum Konzertsaal auf – auch dies ein überdimensioniert wirkender Raum mit Holztäfelung und großer seitlicher Fensterfront. »Sogar Benjamin Britten hat hier Konzerte gegeben, 1965. Gewohnt hat er im Haus Nummer 15«, informiert uns Wardan mit einigem Stolz. Damals war wohl keiner der sechshundert Plätze frei – jetzt aber sind die breiten Sitzreihen mit weißen Tüchern überdeckt. Vorne auf der Bühne steht ein Flügel. Auch über diesen hat man ein weißes Tuch gelegt – letzte Ruhestätte für eine Reihe toter Fliegen. Draußen auf der Terrasse aber herrscht plötzlich reges Leben: Drei Kühe haben sich eingefunden, scheinen die unerwarteten Gäste durch die Fenster zu begutachten. »Man sollte hier wirklich einen Film drehen«, denke ich.

## Backgammon in Haghartsin

Wenige Kilometer außerhalb von Dilidschan zweigt ein schmaler, gerade noch mit dem Auto befahrbarer Weg von der Straße ab und führt hinein in einen lichten Laubwald. Entlang eines Baches geht es bergauf, links und rechts des Weges Blumen, Moose, Farne. Auch viele Pilze gebe es hier, weiß Robert, und beim Sammeln könne man leicht einem Schwein begegnen, denn die für die Gegend typische Art – eine Mischung aus Wild- und Hausschwein – sei durchaus nicht scheu.

Unser Ziel ist das Kloster Haghartsin: drei kleine Kirchen auf einer Lichtung, die in einem Halbkreis so dicht beieinander stehen, dass zwischen ihnen nur noch Platz für einen engen Pfad ist. Ein paar Schritte davon entfernt die Mauerreste der rund achthundert Jahre alten Klosterküche, daneben das Refektorium, ein relativ gut erhaltenes und vor allem beeindruckend großes Gebäude.

»An die dreihundert Mönche haben früher hier gelebt. Jetzt bin nur mehr ich da!« – So Aschot, der Küster von Haghartsin. Der groß gewachsene, magere Mann ist über unseren Besuch merkbar erfreut. Begleitet von seinen beiden quirligen, kleinen, nicht allzu gepflegten Hunden führt er uns durch die Anlage, erzählt von der bewegten Geschichte Haghartsins, zeigt Details, wie jene Verstecke in den Kirchensäulen, in denen Handschriften und andere Schätze des Klosters vor Plünderungen geschützt waren.

Zunächst hatte ich Aschot, der uns schon auf

dem kleinen Parkplatz entgegengekommen war, für einen Wanderer gehalten. Vielleicht ein Pilzsammler aus Dilidschan, dachte ich angesichts seiner festen Schuhe und des schon ziemlich abgetragenen, olivgrünen Trainingsanzugs. Auf dem Jackenrücken ist mit großen, weißen Lettern das Wort LOTTO aufgedruckt. Das große Los scheint Aschot bislang allerdings noch nicht gezogen zu haben.

Der Vierzigjährige ist ausgebildeter Lehrer und arbeitete früher in einer Schule in Dilidschan. Mit dem Ende der Sowjetunion und dem Anbruch der großen Wirtschaftskrise verlor er, wie auch viele seiner Kollegen, seinen Posten. Aussicht auf eine Wiederanstellung ist nicht vorhanden, da in der Gegend aufgrund der starken Abwanderung die Schülerzahlen sinken und immer mehr Schulen geschlossen werden.

»Meine Frau hat bisher Glück gehabt. Sie arbeitet als Musiklehrerin und kann auch hin und wieder Privatstunden geben«, erzählt Aschot. Mit den rund fünfzehn Euro, die der Musikunterricht einbringt, aber kann die Familie, zu der auch zwei halbwüchsige Söhne gehören, kaum über die Runden kommen. Daher war Aschot froh, als er, nach langer, vergeblicher Arbeitssuche, 1996 den Job beim Kloster bekam, auch wenn es nur eine Halbjahresanstellung ist – nur für den Sommer, denn im Winter, wenn der Weg tief verschneit und kaum passierbar ist, kommt niemand hinauf in die Berge nach Haghartsin. Aschots Aufgabe ist es, die Anlage instand zu halten, sich um Besucher zu kümmern und die zum Kloster gehörenden Bienenstöcke zu betreuen.

»Es ist eine angenehme Arbeit in einer herrlichen Umgebung. Nur die Einsamkeit macht mir manchmal sehr zu schaffen.« Er komme während des Sommers nur selten von Haghartsin weg, erzählt er. Nicht weil so viel zu tun sei – im Gegenteil, Touristen kämen leider nicht allzu viele und Gottesdienste gebe es nur hin und wieder, zu speziellen Anlässen, etwa bei Hochzeiten, die gerne in der romantischen Anlage abgehalten werden –, sondern weil er kein Auto habe und der Weg hinunter nach Dilidschan zu Fuß lang und mühsam sei. »Oft sehe ich tagelang niemanden. Wenn ich dann abends bei Kerzenlicht auf meiner Veranda sitze, kann die Stille und Finsternis ringsum schon auch bedrückend sein.«

Die Veranda gehört zu jenem kleinen Holzhaus, in dem Aschot lebt. Strom gibt es hier keinen, den Kaffee, zu dem er uns einlädt, kocht er mithilfe einer Gasflasche. Die Einrichtung des Hauses ist alt und umfasst nur das Allernotwendigste: einen Tisch, ein Bett, ein paar wackelige Stühle. Aber auch ein Backgammon-Spiel ist vorhanden. Natürlich: denn *nardi,* wie es genannt wird, ist in Armenien überaus populär. Wenn zwei Armenier zusammenkommen und ein Viertelstündchen Zeit haben, dann wird *nardi* gespielt – das wusste ich bereits und das »Klack – klack – klack« der Spielsteine hatte ich im Wohnzimmer meiner Jerewaner Freunde schon genauso gehört wie in den Parks und auf den Marktplätzen. Denn auch da scheint immer jemand ein Spiel dabeizuhaben und stets finden sich ein paar Holzkisten, die als Spieltisch und Hocker herhalten können.

Keine Frage also, dass wir um einiges länger

als geplant auf Aschots Veranda sitzen bleiben, denn ein paar Partien sind unbedingt durchzuspielen: Robert gegen Aschot, Aschot gegen Garik, den Mietwagenchauffeur, der mit uns diese Fahrt unternimmt, dann Garik gegen Robert und anschließend natürlich noch eine »Revanche«, das Ganze von vorne: »Klack – klack – klack.« Wie alte Bekannte sitzen die drei beieinander – und wieder einmal fasziniert mich, wie schnell die Menschen hier einen Weg zueinander finden, wie leicht eine Atmosphäre der Vertrautheit und Verbundenheit entsteht. »Klack – klack – klack.«

## Fioletowo: Krautsalat bei den Molokanen

Auf die Molokanen war ich durch Zufall gestoßen, beim Blättern in einem Lexikon. »Angehörige einer russischen Sekte, deren Anfänge im 18. Jahrhundert liegen«, »sowohl im zaristischen Russland als auch in der Sowjetunion Verfolgungen ausgesetzt«, »vor allem im Kaukasus verbreitet« – das war das Wenige, das ich über sie erfahren hatte. Auch Robert hatte nicht viel mehr von ihnen gewusst, außer dass sich in der Nähe von Dilidschan eine der bekanntesten Molokanen-Ansiedlungen befindet: das Dorf Fioletowo.

Nach unserem Besuch in Haghartsin nehmen wir daher in Dilidschan nicht die Schnellstraße zurück nach Jerewan, sondern fahren Richtung Westen. Die Straße führt hinauf in ein breites Hochtal. Das Landschaftsbild ist hier wieder ganz anders als rund um Dilidschan: Grünbraunes Grasland erstreckt sich weit hin bis zu den hohen Bergen, von denen das Tal gesäumt wird, hin und wieder sind ein paar Baumgruppen zu sehen, einzelne Büsche – eine malerische, recht karge und, wie es scheint, menschenleere Gegend.

Fioletowo liegt ein wenig abseits der Straße in einer Senke. Fast verpassen wir die Abzweigung, aber als wir ein paar Jugendliche sehen, die am Straßenrand Gemüse verkaufen, wissen wir, dass wir hier richtig sind. Denn die Burschen und Mädchen fallen uns sofort auf: nicht wegen ihrer Kleidung, sondern wegen ihrer – hier im Kaukasus ungewohnten – blonden Haare. »Russen«, konstatiert Robert, »Molokanen.« Wir bleiben stehen, Robert spricht sie auf Russisch an, sie zeigen uns den nichtasphaltierten, holprigen Weg, der steil hinunter nach Fioletowo führt.

So wie die jungen Leute wirkt auch ihr Dorf irgendwie anders, irgendwie unarmenisch. Das Auffälligste sind die Häuser: Im Gegensatz zu den sonst im Land üblichen Bauten aus grauem, naturbelassenem Stein sind hier alle Gebäude hell verputzt. Jetzt begreife ich auch, warum Armenier, wenn sie Bilder von deutschen oder österreichischen Häusern sehen, oft von »russischem Stil« sprechen – der Verputz macht es aus.

Ein alter Mann mit langem, wallendem Bart (auch wieder: »russischer Stil«) meint, dass wohl Alexej, der Bürgermeister, am besten über Fioletowo und die Molokanen Auskunft geben könne. Zu Alexejs Hof geht es nochmals ein Stück weiter steil abwärts. Während Garik den geparkten Wagen mit großen Steinen davor absichert, in den bürgermeisterlichen Gemüsegarten zu rollen, macht Robert – mangels einer Glocke – mit lauten Rufen am verschlossenen Hoftor auf uns aufmerksam.

Es dauert eine Weile, bis uns eine zarte, etwa 45-jährige Frau öffnet. Sie sei gerade beim Brotbacken gewesen, entschuldigt sie sich. Alexej, ihr Mann, sei nicht zu Hause, er sei für ein paar Tage bei den Kühen auf der Weide in den Bergen. »Kommen Sie doch herein, ich mache Ihnen eine Tasse Tee«, lädt sie uns ein – und das ist nun eindeutig nicht nur »russischer Stil«, sondern auch typisch armenisch: die spontane, herzliche Gastfreundschaft, die einem überall in diesem Land zuteil wird.

Über einen kleinen Innenhof, an den seitlich eine Scheune und ein üppiger Blumengarten angrenzen, gehen wir hinüber in das Haus. Durch eine verglaste Veranda und einen kleinen Vorraum führt uns Sarah – so heißt die Frau des Bürgermeisters – in das Wohnzimmer. Nichts hier ist neu, aber alles ist sehr gepflegt und gediegen: die beiden schweren Fauteuils, der Esstisch mit den robusten Sesseln, die kleine Kommode mit Spiegel, der schwere Bücherschrank, das frisch gestärkte Tischtuch, die weißen Spitzenvorhänge.

Mittlerweile ist auch Tatjana erschienen, Sarahs Tochter: siebzehnjährig, freundlich lächelnd, aber sehr schüchtern. Während unseres ganzen Besuchs spricht sie kein einziges Wort. Sarah hingegen ist überaus gesprächig und beweist, dass sie den Bürgermeister hervorragend vertreten kann – zumindest was ihr Wissen über Fioletowo und die Molokanen betrifft. Fioletowo sei, so berichtet sie, um 1830 gegründet worden. Damals hieß das Dorf Nikitino, unter den Sowjets wurde es dann nach einem der Aktivisten der Oktoberrevolution, Iwan Fioletow, umbenannt. Die Gründer von Fioletowo seien Bauern und Handwerker gewesen, die aus dem russischen Gouvernement Tambow stammten. »Einfache Menschen, die man ihres Glaubens wegen zwang, die Heimat zu verlassen«, erzählt Sarah.

Die Molokanen gehörten einer religiösen Bewegung an, die Ende des 18. Jahrhunderts entstanden war und vor allem bei der ländlichen Bevölkerung im Südwesten Russlands starken Zuspruch fand. Beeinflusst von protestantischen Strömungen wandten sich die Molokanen gegen alle kirchlichen Institutionen und beriefen sich auf die Bibel als ausschließliche religiöse Autorität. Von der russisch-orthodoxen Kirche distanzierte man sich – ihre Prachtentfaltung empfanden die Molokanen, die sich auch als »spirituelle Christen« bezeichnen, als unchristlich, durch die enge Beziehung zum Herrscherhaus stand die Kirche für sie auf Seiten der Unterdrücker. »Für die Molokanen gibt es keinen Patriarchen und keinen Papst, keine Bischöfe und keine geweihten Priester«, erklärt uns Sarah, »wir haben keine prunkvollen Kirchen, sondern Versammlungsräume, in denen wir unsere gemeinsamen Andachten abhalten. Ikonen und Kreuzesdarstellungen sind bei uns verboten, an den Wänden haben wir nur Gebetstücher aufgehängt.« Auch im Vorraum von Sarahs Haus hängt in einer Andachtsecke solch ein weißes, mit religiösen Symbolen besticktes Tuch, darunter liegt, auf einem kleinen Tisch, die Bibel.

Ein Teil des Protests der Molokanen gegen die russisch-orthodoxe Kirche war auch die Ablehnung der strengen Fastenregeln. Daher rührt auch die Bezeichnung »Molokan«, was »Milchtrinker« bedeutet und vermutlich zunächst ein Spottname für jene Gläubigen war, die auch an Fasttagen Milch und andere Produkte der bäuerlichen Küche zu sich nahmen.

Die Molokanen, die als Pazifisten auch den Militärdienst verweigerten, galten bald als Unruhestifter, die sich der Ordnung des Staates widersetzten. Verschiedenen Repressionen folgte ab 1825, mit der Machtübernahme von Zar Nikolaus I., für den die Orthodoxie eines der zentralen staatlichen Prinzipien war, die Aussiedlung der Molokanen. Die Wohngebiete, die ihnen zugewiesen wurden, lagen mehr als tausend Kilometer entfernt, an den äußersten Rändern des russischen Imperiums. So entledigte man sich ihrer – und benutzte sie gleichzeitig, um sie zur Kolonisierung und Russifizierung der dem Reich damals neu einverleibten Gebiete im Kaukasus einzusetzen.

»Die Molokanen aber haben sich von Anfang an mit den Kaukasusvölkern gut verstanden. Mit den Armeniern zum Beispiel gab es nie Probleme«, betont Sarah, »sie sind unsere besten Freunde.« Verwandtschaftliche Bande allerdings knüpfte man nicht. »Die Molokanen haben früher ausschließlich Russen geheiratet. Nicht unbedingt Molokanen, aber Russen. Heutzutage gibt es hin und wieder auch Eheschließungen zwischen Molokanen und Armeniern, doch das ist sehr, sehr selten und betrifft eigentlich nur die Mädchen. Ein molokanischer Mann muss auf jeden Fall eine Russin heiraten. Die Molokanen missionieren nicht, und sie bleiben russisch.«

Nicht beibehalten konnten die Molokanen die Verweigerung des Militärdienstes – zu Sowjetzeiten war das unmöglich. Und bei so manchen selbst auferlegten Geboten ist man in den letzten Jahrzehnten liberaler geworden: Das Alkohol- und Zigarettenverbot ist nicht mehr ganz so streng, das Fernsehverbot scheint, wie der große TV-Apparat und die vielen Videokassetten im bürgermeisterlichen Wohnzimmer belegen, wohl ganz gefallen zu sein. Längst nicht mehr alle jungen Männer halten sich streng an die Vorschrift, sich den Bart niemals abzurasieren; Tatjana hingegen scheint das Haarschneide- und Hosenverbot für die Frauen zu befolgen: Die langen Haare hat sie zu einem straffen Nackenknoten gebunden, bekleidet ist sie mit einem bodenlangen, schwarzen Rock.

Während der Erzählung ihrer Mutter hat sie den »Tee« zubereitet: Es gibt Brot, Käse, Marmelade (herrliche, selbst gemachte Himbeermarmelade, von der uns Sarah beim Abschied ein großes Glas mitgibt), Honig und Kuchen. Auch eine große Schüssel Krautsalat hat Tatjana auf den Tisch gestellt – eine Spezialität, hergestellt nach alten Rezepten aus Karotten und gehobeltem Kraut (gleich bei unserer Ankunft waren uns überall im Ort die vielen Beete mit den riesigen Krautköpfen aufgefallen). »Die Produktion des Krautsalats war lange Zeit eine der wichtigsten Einnahmequellen des Ortes. Wir haben ihn bis in die Ukraine geliefert.«

Aber nicht nur der Krautsalat der Molokanen war berühmt, es gab auch rege Nachfrage nach dem Fleisch ihrer Kühe und Schafe (»Kein Schweinefleisch, denn das essen die Molokanen nicht«), nach Käse und verschiedenen eingelegten Gemüsesorten. Nach dem Erdbeben von 1988 und dem Zerfall der Sowjetunion aber habe sich das alles geändert, berichtet Sarah. Die Eisenbahnlinien sind zerstört, kein Lastwagen kommt mehr den weiten Weg aus der Ukraine hierher und der Flugtransport ist ohnehin unerschwinglich. »Wir verkaufen fast nur mehr auf den Märkten hier in der Gegend. Einen kleinen Teil liefern wir nach Jerewan, ein wenig nach Georgien, nach Tbilisi. Insgesamt aber ist es viel, viel weniger als früher.«

Die ökonomische Krise der Post-Sowjet-Ära hat auch die Molokanen hart getroffen und dazu geführt, dass viele von ihnen Armenien in den letzten Jahren verlassen haben. »Sie sind zurückgegangen in die alte Heimat, nach Russland.« Von den zwanzig größeren molokanischen Gemeinden, die es noch bis vor wenigen Jahrzehnten im Norden Armeniens gab, sind nur zwei übrig geblieben: Fioletowo und das benachbarte Lermontowo, in dem nunmehr allerdings auch Armenier und Kurden leben. Zählte man früher in ganz Armenien an die fünfzigtausend Molokanen, sind es jetzt nur noch rund fünftausend – tausend davon leben in Fioletowo.

»Dafür werden wir jetzt zur Touristenattraktion«, lacht Sarah. »Schon ein paar Mal sind japanische Gruppen zu uns gekommen. Nächsten Sonntag kommt wieder eine. Sie schauen sich das Dorf an, fotografieren uns, unsere Gärten und unsere Häuser. Sie sprechen zwar nicht Russisch, aber wir verstehen uns trotzdem sehr gut mit ihnen. Wir bereiten immer ein großes Buffet für sie vor. Und natürlich wollen sie auch unseren Krautsalat probieren!«

# Bis Meghri sind wir nicht gekommen

»Das war Nelson«, sagt Robert, als er den Telefonhörer auflegt. »Er wollte wissen, ob wir gut in Jerewan angekommen sind. Er hat sich Sorgen um uns gemacht.« Wieder einmal bin ich beeindruckt, wie viel Anteil die Menschen hier aneinander nehmen – auch wenn sie einander kaum besser kennen.

Nelson Voskanyan ist der Bürgermeister der Stadt Goris. Wir haben ihn gestern kennen gelernt, bei einer Fahrt in den Süden Armeniens. »Wir werden wahrscheinlich in Goris übernachten«, hatte mir Robert mitgeteilt, als er mir anhand seines großen Terminblatts die einzelnen Stationen der Tour erläuterte. »Hast du dort Zimmer reserviert?«, fragte ich ihn, da ich bereits von früheren Ausflügen wusste, dass es außerhalb von Jerewan oft recht schwierig sein kann, eine Unterkunft zu finden. Und immerhin sind wir diesmal zu viert: Robert und ich, unser Fahrer Garik und Roberts Sohn Aram. »Nein. Aber ich habe mit dem Bürgermeister telefoniert. Er meinte, wenn wir nach Goris kommen, sollten wir einfach bei ihm im Rathaus vorbeischauen. Er werde dann schon etwas für uns organisieren.«

Wir erreichen Goris erst spätabends. Das Rathaus ist fest verschlossen, der Bürgermeister natürlich längst nach Hause gegangen. »Weißt du, wo er wohnt?« – »Keine Ahnung«, sagt Robert und stoppt ein vorbeifahrendes Auto. Der junge Mann am Steuer weiß zum Glück, wo der Bürgermeister wohnt, kein Problem, er wird uns den Weg dorthin zeigen, wir sollten nur hinter ihm herfahren.

Nelson, ein etwas rundlicher Mittvierziger in Trainingsanzug und Hausschuhen, begrüßt uns mit großem Hallo: »Da seid ihr endlich, wir haben schon auf euch gewartet. Kommt gleich herein, der Tee ist schon fertig.« Tatsächlich ist der Tisch im Wohnzimmer bereits gedeckt, Anahid, Nelsons Frau, bringt Teller voll mit Kuchen und Keksen, verschiedene Arten von Getränken stehen auch schon bereit – armenischer »Tee« eben, aber das kenne ich ja bereits. Auch Vahan, der junge Mann, der uns hergeleitet hat, wird dazu eingeladen. Er lehnt ab, er habe jetzt keine Zeit, aber er werde uns später abholen, um uns den Weg zu unserem Quartier zu zeigen.

Nelson hat für uns Zimmer bei Bekannten organisiert. Natürlich könnten wir, wenn wir das lieber wollten, auch bei ihm übernachten, nur sei es hier derzeit nicht so bequem, weil das Haus gerade umgebaut werde. Dies ist nicht zu übersehen: Wohn- und Vorzimmer sind voll mit verschiedenen, sichtlich nicht hierher gehörenden Möbelstücken.

Gemütlich ist es trotzdem. Nelson erzählt von seiner Stadt, rund 25.000 Einwohner habe sie, früher seien es mehr gewesen, aber es gebe eben dieselben Probleme wie überall im Land: wirtschaftliche Stagnation, Arbeitslosigkeit – und damit auch eine starke Abwanderung. Gelitten habe Goris vor allem während des Berg-Karabach-Konflikts, die Grenze ist von hier ja nur rund fünfzehn Kilometer entfernt, die Kämpfe waren oft ziemlich nahe.

Aber natürlich habe die Grenzlage auch Vorteile. Goris ist Verkehrsknotenpunkt: von hier weg geht es nach Stepanakert, in die Hauptstadt Berg-Karabachs. Die Straße dorthin wurde in den letzten Jahren mit großer finanzieller Unterstützung von Seiten der armenischen Diaspora gut ausgebaut. Vor allem aber führt auch die Schnellstraße von Jerewan an die iranische Grenze über Goris. Und da der Iran ein zunehmend wichtiger Handelspartner Armeniens ist, nehmen auch die Transporte zu. »Ihr habt doch sicher auf dem Weg hierher iranische Lastwagen gesehen?« – Haben wir, sogar sehr viele: meist große Lkw-Züge, auf dem Weg nach Jerewan. In Goris hofft man, von dem steigenden Verkehrsaufkommen ein wenig zu profitieren. Service-Einrichtungen, Hotels, Tankstellen, Werkstätten – das könnte etwas bringen. Noch sei die nötige Infrastruktur erst im Aufbau, aber Bürgermeister Nelson Voskanyan sieht für seine Stadt eine durchaus positive Zukunft.

Darauf müssen wir natürlich anstoßen. Feierlich holt Nelson eine Flasche hervor, in der, wie ihre Form vermuten lässt, früher einmal Wodka abgefüllt war. »*Tti oghri*«, verkündet unser Gastgeber stolz, »Maulbeerschnaps, selbst gebrannt.« Eine Spezialität der Region – stark, etwas gewöhnungsbedürftig und in Armenien überaus populär. »Einer meiner Freunde hatte die Idee, dass man den Maulbeerschnaps doch auch exportieren könnte«, erzählt Nelson. »Er meinte, Japan sei sicher ein guter Markt, dort lieben sie ja spezielle Getränke. Also nahm er Kontakt mit einer japanischen Firma auf, schickte ein paar Flaschen *tti oghri* und gestaltete auch einen netten Werbetext, in dem er schrieb, dass dieser Schnaps hier bei uns sehr berühmt sei, schon unsere Großväter hätten ihn getrunken und seien damit hundert Jahre alt geworden. Und wisst ihr, was die Japaner geantwortet haben?«, lacht Nelson: »Sie schrieben, ohne diesen Schnaps wären die Großväter wohl hundertfünfzig Jahre alt geworden – und lehnten das Angebot ab.«

Nelson nimmt den Exportmisserfolg mit Humor – vermutlich ist die Anekdote ja auch eher in die Kategorie »Armenischer Witz« einzuordnen – und meint es ganz bestimmt nicht als Anschlag auf unsere Gesundheit, dass er uns ein paar Flaschen des Selbstgebrannten als Geschenk mitgibt.

Vahan holt uns wie vereinbart ab, bringt uns zu Lusine und Levon, einem pensionierten Lehrerehepaar. Die beiden bewohnen am Stadtrand von Goris ein Haus – geräumig, aber doch nicht allzu groß. Jeder von uns vieren bekommt ein Zimmer zum Übernachten und ich wundere mich, wo wohl unsere Gastgeber schlafen. Auch Robert scheint diese Frage zu beschäftigen – seine diesbezügliche Frage aber wehrt Levon ab: »Problem tschka – kein Problem.«

Die Nacht wird für uns ohnehin sehr kurz: denn auch bei Lusine und Levon ist der Tisch – wie wäre es anders zu erwarten gewesen – bereits reich gedeckt, Lusine drängt darauf, dass wir auch wirklich von allem kosten, Levon und Robert tragen, so scheint es mir zumindest, miteinander eine Konkurrenz um den allerlängsten Trinkspruch aus. Und natürlich bietet auch Levon seinen selbst gebrannten *tti oghri* an. Diesmal allerdings lehne ich den Genuss des Großvätertrunks dankend ab. Aram schließt sich mir an – »Er ist eben noch jung, er wird schon noch auf den Geschmack kommen«, tröstet sich Levon, nach kurzem, verwunderten Kopfschütteln, über das »seltsame« Verhalten seines Gastes hinweg. Aber auch Garik verzichtet auf eine Kostprobe vom Maulbeerschnaps: »Ich muss morgen Früh fit sein, wir haben noch einen weiten Weg vor uns.«

Garik nimmt seinen Job ernst, das wusste ich bereits. Er arbeitet als Chauffeur für ein Jerewaner Mietwagenunternehmen und war bereits einige Male mit uns unterwegs. Zwar ist es theoretisch auch möglich, einen Wagen ohne Chauffeur zu mieten, aber in der Praxis ist dies nicht zu empfehlen. Die weitgehend nicht vorhandene Beschilderung ist dabei das geringste Problem: Der richtige Weg lässt sich – Sprachkenntnisse vorausgesetzt – erfragen, Fußgänger sind dabei durchwegs hilfsbereit und auch abgestoppte Autolenker, wie etwa Vahan, unser junger Bekannter in Goris, geben meist bereitwillig Auskunft. Weniger leicht hat man es als Ausländer schon mit den Polizisten, die oft – wie mir scheint – vollkommen willkürlich Autos aufhalten, um eine Strafgebühr einzuheben. Wann in einem solchen Fall stillschweigend zu zahlen ist, wann lautes Schimpfen und Schreien angebracht ist, wann das Drehbuch so anzulegen ist, dass die Aktion mit gegenseitigem Schulterklopfen endet, ist mir bislang noch nicht klar.

Eines allerdings habe ich bereits mitbekommen: Sicherheitsgurte gelten als unnötiges, lächerliches Ausstattungsdetail, das entfernt gehört.

»Am saubersten lassen sie sich mit einer Rasierklinge entfernen«, erklärte mir ein anderer Mietwagenchauffeur – und auch in Gariks Wagen fehlen die Gurte. Unsicher aber habe ich mich mit ihm als Fahrer bislang trotzdem nicht gefühlt: Er weiß, in welchen Ausnahmefällen eine rote Ampel zu beachten ist, wann auch mit hoher Geschwindigkeit rechts über die unbefestigten Straßenbankette überholt werden kann, welcher Weg am schnellsten und ohne Kollisionen durch eine auf der Schnellstraße dahinziehende Schafherde führt. Nur gestern wurde ich ein wenig nervös, beim Besuch des Klosters Tatew, das hoch oben in den Bergen liegt, am Rand einer tiefen Schlucht. Eine steile, kurvenreiche Schotterstraße führt zum Kloster. Das Hinauffahren war kein Problem – Gariks Kurventechnik kannte ich bereits. Bei der Rückfahrt aber demonstrierte er eine neue Facette seines Fahrstils: Kupplung raus, Motor ausschalten und mit ausgeklügeltem Einsatz der zunehmend stinkenden Bremsen den Berg hinunter. Das war dann auch Robert zu viel: »Garik dschan – lieber Garik, bleib stehen, lass die Bremsen auskühlen und fahr dann mit Motor weiter«, ordnete er freundlich, aber bestimmt an. Garik war ein wenig pikiert.

Aber nicht Gariks Bergtechnik sondern heftiger Regen ist der Grund, warum Robert am Morgen vorschlägt, auf die geplante Weiterfahrt in den Süden zu verzichten, die Tour zu verkürzen und nach Jerewan zurückzufahren. »Recht habt ihr«, meint auch Nelson, als wir bei ihm vorbeischauen, um uns zu verabschieden. »Bei diesem Wetter kann die Fahrt über die Berge ziemlich riskant sein.« Unser Ziel war die Stadt Meghri an der iranischen Grenze gewesen.

»Wotschintsch«, tröstet mich Robert. »Wir machen diese Tour, wenn du wieder nach Armenien kommst. Du kommst doch bald wieder?«

»Natürlich.«

## Dank

Mein besonderer Dank für Hilfe und Unterstützung beim Zustandekommen dieses Buches gilt folgenden Personen:

Robert Mirzoyan, ohne den die Recherchen nicht möglich gewesen wären; Tamara Afitserian-Markarian, der ich meine Armenischkenntnisse verdanke; Susanna Stepanyan, Sorik Nasikjan und Aram Mirzoyan, die mir mit Übersetzungen und zahlreichen wertvollen Hinweisen halfen; sowie Georg Andonians und Helmut Peschina, die als erste kritische Leser fungierten.